Das Nudelbuch

Ich danke Didi und
Giancarlo für ihre so
appettlichen Beiträge.
Mascha Kauka

© NEUER HONOS VERLAG, Köln
Redaktion: RV-Officin M. Pohl Verlag GmbH & Co., Moosburg
Warenkunde: Dipl. oec. troph. Andrea Brenner
Fotos: Hans Döring, Károly Hemzö
Covermotiv: Sigloch Edition / Döbbelin
Gesamtherstellung: NEUER HONOS VERLAG, Köln
Alle Rechte vorbehalten

Das Nudelbuch

INHALT

Vorwort	7
Warenkunde	8/9
Pasta-Lexikon	10
Nudeln aus der eigenen Küche	20
Traditionelle italienische Nudelsaucen	32
Nudelsalate	46
Nudelsuppen	56
Nudeln ohne Fisch und Fleisch	68
Nudeln mit Fisch und Meeresfrüchten	92
Nudeln mit Fleisch und Gemüse	112
Gefüllte Nudeln und Aufläufe	134
Süße Nudeln	176
Register	190

Seite 20–31

Seite 32–45

Seite 46–55

Seite 56–67

Seite 112–133

Seite 68–91

Seite 134–175

Seite 92–111

Seite 176–189

VORWORT

Es war einmal vor vielen tausend Jahren, da hatten die Jäger und Sammler im Norden Chinas das Herumlaufen satt. Sie wurden seßhaft und bauten Getreide an. Aus den Körnern kochten die Bauern Brei oder backten dünne Fladen. Die alten Fladen, die zum Knabbern zu hart waren, brachen sie in kleine Stücke und kochten sie weich ... das Grundrezept für Nudelsuppe!

So oder sehr ähnlich war die Geschichte, und wir können getrost davon ausgehen, daß die erste Nudel der Welt in China verspeist wurde. Jedenfalls gibt es ein chinesisches Rezept, das über 4000 Jahre alt ist. Kunstvolle Schriftzeichen auf vergilbtem Pergament erklären ein göttliches Hühnergericht mit feinen Nudeln – die Nudeln werden aus Weizenmehl, Ei und Wasser zubereitet.

Die alten Chinesen hatten sich also mit Nudeln versorgt. Doch wie sah es in der restlichen Welt aus? Finster, sehr finster – noch heute tappen die Historiker ziemlich ratlos im dunkeln.

Verschiedene Ausgrabungen beweisen zwar, daß auch andere Völker Teigwaren auf der Speisekarte hatten, aber eine lückenlose Nudelogie gibt es bis heute nicht.

Hier einige antike Nudelfans, von denen wir manche aus dem Schulunterricht nur als säbelrasselnde Krieger kennen:

Vor 2500 Jahren beherrschten die Etrusker das mittlere Italien. Wie viele südliche Völker, genossen sie das Leben und wollten auch auf der Reise ins Jenseits nichts missen. Etruskische Hügelgräber sind berühmt für großzügige Ausstattung und Mitgift. Im Hinterland Roms enthielten Grabfunde Küchengerät zur Nudelherstellung und, wie man's macht, ist auf den steinernen Grabpfeilern abgebildet.

Die Römer beendeten die etruskische Herrschaft, und die Nudel geriet etwas in Mißkredit. Teigwaren im Römischen Reich waren wohl eher ein süßer, klebriger Sattmacher für Arme.

Im 4. und 5. Jahrhundert nach Christus wurden Nudeln wieder etwas populärer: Die Römer konnten sich einen luxuriöseren Speisezettel nicht mehr leisten, und die einfallenden Ostgoten bewiesen, daß Nudelessen stark macht. Allerdings nur für kurze Zeit. Das große Schweigen nach dem Untergang des Weströmischen Reiches legte sich auch auf unser Nudelthema.

Viel später, im 11. und 12. Jahrhundert, wird von nudelessenden Indern und Arabern berichtet. Wohl kein Zufall, da Indien zwischen China und Arabien liegt!

Zu dieser Zeit tauchen die asiatischen Namensvettern der »Spaghetti« auf: Die Inder nannten ihre Nudeln »sevika«, was »Faden« bedeutet, auch das arabische Wort »rischta« heißt »Faden« und ist persischen Ursprungs. »Spaghetti« ist die Verkleinerungsform des italienischen »Spago«, zu deutsch »Schnur« oder »Zwirn«. Eine Bezeichnung also für Nudeln in Form von »Schnürchen« bzw. »Fäden«. Dabei haben Spaghetti durchaus nicht die älteste italienische Nudeltradition. Etrusker und Römer aßen eine Art Lasagne, mehr oder weniger breite Bandnudeln also, und wie man röhrenförmige Makkaroni bastelt, lernten die Sizilianer schon früh von den Arabern.

Nun ein Wort zu Marco Polo, dem Kaufmann aus Venedig. Es wird behauptet, er hätte den Italienern die erste Nudel vorgestellt, und zwar eine chinesische. Wir wissen inzwischen, daß das mit der »ersten Nudel« nicht stimmt. Möglich ist aber, daß Marco Polo eine neue Nudelwelle ins Rollen brachte. Schließlich wurde er als bedeutendster Weltreisender des Mittelalters geachtet und verehrt. 1295 kehrte Marco Polo nach 20jähriger Reise aus China zurück und berichtete auch von den Nudeln und Teigwaren des Fernen Ostens.

Warenkunde

Nudel ist nicht gleich Nudel

Angeboten werden die Nudeln ohne Ei, mit wenig, viel oder extra viel Ei, mit Spinat, Tomaten, roten Beten oder anderem gefärbt und aus verschiedenen Mehlsorten. Welche Bezeichnung eine Nudel tragen darf, ist im Lebensmittelrecht in der Teigwarenverordnung genau festgelegt. Hiernach sind Teigwaren kochfertige Erzeugnisse aus Weizengrieß oder Weizenmehl mit oder ohne Ei.

Mit Ei oder ...

Teigwaren werden nach der Anzahl der verwendeten Eier pro Kilogramm Mehl eingeteilt in:
– Eierteigwaren: 2¼ Eier
– Eierteigwaren mit hohem Eigehalt: 4 Eier
– Eierteigwaren mit extra hohem Eigehalt: 6 Eier

Die Eiergröße muß durchschnittlich 45 Gramm betragen. Es können auch nur Hühnereidotter verarbeitet werden oder die entsprechenden Mengen von Eierdauerwaren.

Der Zusatz **Frischeinudeln** garantiert, daß wirklich frische ganze Eier verwendet wurden. Wenn eine Packung die Aufschrift »wie hausgemacht« oder »selbstgemacht« trägt, handelt es sich nicht nur um leere Worte des Herstellers. Die Nudeln müssen mindestens 5 ganze Eier auf 1 Kilogramm Mehl oder Grieß enthalten.

Einige Hersteller verarbeiten sogar 7 bis 12 Eier in ihren Teigen, worauf dann besonders hingewiesen wird.

... ohne Ei

Als eifreie Teigwaren werden solche Erzeugnisse bezeichnet, die ohne Ei oder mit weniger als 2¼ Eiern hergestellt wurden. Das bedeutet, daß auch in solchen Nudeln Ei enthalten sein kann. Wer sicher gehen will, ob Eier in der Nudel sind oder nicht, sollte einen Blick auf die Zutatenliste der Verpackung werfen.

Aus Mehl oder Grieß

Grießteigwaren sind alle Teigwaren, die aus Weizengrieß hergestellt wurden. Sie können aus Weichweizengrieß oder aus einer Mischung von Hart- und Weichweizengrieß bestehen.

Hartgrießteigwaren bestehen dagegen ausschließlich aus Hartweizengrieß.

Mehlteigwaren sind Nudeln, die aus Mehl oder einer Mischung aus Grieß und Mehl hergestellt wurden

Weichweizen

Ist die in unseren Breiten gewöhnlich angebaute Weizensorte. Teigwaren deutscher Herkunft sind vorwiegend Mischungen aus Hart- und Weichweizengrießen meist mit Eiern. Die Eier binden den Teig, machen ihn geschmeidig und wirken sich auf den Geschmack positiv aus.

Hartweizen

Seine botanische Bezeichnung ist »triticum durum«. Die Körner sind glasiger, härter und eiweißreicher als Weichweizen. Hartweizengrieß aus Durumweizen ist durch seinen natürlichen Carotingehalt gelb getönt. Der hohe Anteil an Klebereiweiß sorgt für die nötige Festigkeit der Nudelteige. Der Teig reißt nicht, dehnt sich aber auch nicht zu stark. Zudem ist der Eiweißanteil auch für die Koch- und Bißfestigkeit ausschlaggebend. Nur Hartweizennudeln lassen sich wirklich »al dente« kochen.

> Hartweizen ist der wichtigste Rohstoff für die italienische Nudelindustrie. Bereits 1574 verfaßte die Zunft der Pastahersteller Genuas ein Statut, das besagt, daß von nun an für die Pasta nur Mehl aus Hartweizen plus Wasser zu verwenden sei. Dieses italienische »Reinheitsgebot« gilt auch heute noch für Italiens Nudelmacher. Allerdings mußten sie sich vor einiger Zeit der sogenannten »Freizügigkeit des Handels« beugen, der es erlaubt, ausländische Teigwaren auch in Italien zu verkaufen.

Hohl, platt oder rund

Außer nach ihren verwendeten Zutaten lassen sich die Teigwaren natürlich auch nach ihrer äußeren Form unterscheiden. Hier hat sich im Laufe der Geschichte eine Vielzahl an Nudelvarianten entwickelt, von denen im Kapitel »Pastalexikon« einige beschrieben sind.

Was noch in die Nudel darf

Außerdem gibt es noch die Milchteigwaren, die auf 1 Kilogramm Weizen mindestens 20 Gramm Milchtrockenmasse oder die entsprechende Menge Milch enthalten.

Immer beliebter werden die Gemüse-Kräuterteigwaren, die nicht nur wegen der bunten Farbe gern auf den Tisch kommen, sondern auch wegen des zarten Aromas der Zutaten. Zur besseren Teigbeschaffenheit darf eifreien Teigwaren Lecithin zugesetzt werden.

Aus dem vollen Korn

Auch Vollkornnudeln aus Weizen zählen laut Gesetz zu den Teigwaren. Sie werden auf die gleiche Weise wie die Nudeln aus weißem Mehl, allerdings ausschließlich aus Weizenvollkornmehl, hergestellt. Nudeln aus anderen Getreidesorten wie Grünkern oder Dinkel fallen nicht unter die Verordnung. Deshalb können die Bezeichnung und der Eigehalt je nach Hersteller variieren. Solche Nudeln finden sich in den verschiedensten Formen und Farben in Reformhäusern, Bioläden und zunehmend auch in Supermärkten, oder Sie machen sie ganz einfach selbst.

Sojanudeln

Die besonders eiweißreiche Sojanudel erlebt im Zuge der Gesundheitswelle einen Boom. Doch wird sie meist nicht wegen ihres Eiweißgehalts gekauft, sondern von cholesterinbewußten Verbrauchern, da Sojanudeln keine Eier enthalten.

Doch wie oben bereits erläutert, gibt es auch andere Nudeln ohne Ei: beispielsweise die gesamten italienischen Pastaerzeugnisse.

Das Eiweiß der Sojanudel ist sehr wertvoll, aber es ist für eine gesunde Ernährung keinesfalls erforderlich, denn Eiweiß konsumieren wir mit Fleisch, Gemüse und Obst im Übermaß. Die Sojanudel stellt also eher eine weitere Geschmacksvariante in der großen Nudelpalette dar, als ein Muß für die gesunde Ernährung.

Die Asiaten

Die asiatischen Kochkünste haben auch in unsere Küchen Einzug gehalten. Daher bieten die Supermärkte oder Kaufhäuser bereits die Zutaten in Asien-Abteilungen an. Eine breitere Auswahl bieten die speziellen Asienläden.

Eiernudeln sind ähnlich unseren Nudeln aus Weizenmehl und, wie der Name sagt, mit Eiern zubereitet. Sie haben meist die Form von gewellten Spaghetti und müssen gekocht werden.

Reisnudeln sehen roh glasig aus und werden beim Kochen oder Überbrühen weiß. Der Teig wird aus Reisstärke und Wasser hergestellt. Sie werden als dicke oder dünne Fadennudeln oder als Bandnudeln angeboten.

Die Nudeln und ihre Nährwerte in 100 g ungekochter Ware

	kcal	kJ in g	Eiweiß in g	KH in g	Fett in g	BS in g	Cholesterin
Teigwaren im Durchschnitt	359	1504	10,5	70,3	1,8	2,9	46,8
Teigwaren ohne Ei	354	1484	10,2	71,5	0,9	3,0	0
Eierteigwaren	366	1534	13,3	67,0	2,7	3,4	94,0
Frischeiteigwaren	362	1517	11,5	68,8	2,3	2,9	74,7
Eierteigwaren mit hohem Eigehalt	350	1467	14,5	61,4	2,9	3,4	146,0
Eierteigwaren mit extra hohem Eigehalt	370	1548	11,2	67,8	3,7	2,8	150,4
Vollkornteigwaren im Durchschnitt	342	1432	12,6	59,9	3,6	8,8	67,8
Vollkornteigwaren ohne Ei	335	1401	12,1	61,4	2,4	9,1	0
Sojateigwaren	348	1457	16,7	57,8	4,6	6,6	0

Quelle: Bundeslebensmittelschlüssel, Version Januar 1990
kcal: Kilokalorien; kJ: Kilojoule; KH: Kohlenhydrate; BS: Ballaststoffe.
Erklärung: Der Unterschied im Cholesterin-, Fett- und Eiweißgehalt von Eierteigwaren und Frischeiteigwaren ergibt sich aus der unterschiedlichen Verwendung von ganzem Ei oder Eigelb. Nur das Eigelb enthält Fett und Cholesterin. Eiweiß kommt im Eigelb und im Eiklar vor.

Glasnudeln unterscheiden sich von den Reisnudeln dadurch, daß sie roh und gekocht gläsern-durchsichtig sind. Das zur Teigbereitung verwendete Mehl ist meist aus Mungobohnen, aber auch aus Soja und Tapioka.

Wan-Tan-Blätter: Die Teighüllen für die kleinen gefüllten Täschchen kauft man meist fertig tiefgekühlt. Der Nudelteig besteht aus Mehl und Ei.

Reispapier für Frühlingsrollen aus Reismehl, Wasser und Salz. Die durchsichtigen, runden Teigblätter werden getrocknet im Stapel angeboten.

Dickmacher oder Diätrenner

Die »Neue Nudeldiät« liest man oft in Zeitschriften, in denen die Nudel zum Schlankmacher hochgelobt wird. Andere wiederum verdammen die Teigwaren als Übeltäter für die überflüssigen Pfunde.

In diesem Punkt geht es der Nudel wie der Kartoffel, die beide nur durch ihre Beilagen zum Dickmacher werden. 100 Gramm der rohen Nudel pur haben im Durchschnitt 345 Kilokalorien. Handelt es sich also um einen Teller Spaghetti mit Tomatensauce, so ist dieser durchaus für eine Diät geeignet. Das kann sich natürlich rasch ändern, wenn Eier, Butter, fetter Speck, Schlagsahne und Crème fraîche die Nudeln cremig umhüllen. Von beiden Arten finden Sie etwas in diesem Buch. Für jedes Gericht sind die Kalorien berechnet, so können Sie leicht nach Ihren eigenen Bedürfnissen auswählen.

Wenn man die Teigwaren nach ihrem Gesundheitswert durchleuchtet, darf man nicht nur die Kalorien allein betrachten. Denn auch die Verteilung der Energielieferanten Eiweiß, Fett und Kohlenhydrate ist ausschlaggebend. Nach neuesten wissenschaftlichen Erkenntnissen sollen 55 Prozent der täglichen Energie aus Kohlenhydraten kommen, und gerade davon hat die Nudel reichlich. Aus diesem Grund stehen bei Ausdauersportlern wie Marathonläufern, Fußball- oder Tennisspielern die Nudeln neben Obst, Gemüse und anderen Getreideprodukten seit langem auf dem täglichen Speiseplan. Aber nicht nur die Muskeln, sondern auch das Gehirn funktionieren nur mit reichlich Kohlenhydraten. Deshalb ist es für jeden empfehlenswert, reichlich kohlenhydrathaltige Lebensmittel zu verzehren, zu denen auch die Nudel zählt.

Im folgenden finden Sie alle Variationen der ideenreichen Nudelküche. Trotz gleicher nudeliger Grundlage ist jedes einzelne Rezept durch seine Sauce, Sugo oder Ragù eine unvergleichliche Komposition.

PASTA-LEXIKON

Erklärung der in den Rezepten verwendeten Nudelsorten.

Sehr schlau und sehr hungrig wird jeder sein, wenn er diese Übersicht studiert hat. Aber letzterem kann jeder Pasta-Fan abhelfen, und die Bekanntschaft mit den wichtigsten Pastafamilien macht Spaß – schon ihre Namen sind oft so lustig!

Die Italiener haben es allerdings bis heute nicht geschafft, sich pro Nudelsorte auf einen Namen festzulegen. Je nach Gegend und Hersteller kann ein und dieselbe Nudel bis zu 10 verschiedene Namen haben. Außerdem werden laufend noch neue Formen erfunden. Aber die Hauptsache bleibt ja glücklicherweise, daß die Pasta schmeckt!

Bandnudeln

Fettucce, 3
auch Pappardelle. Bandnudeln von über 1 cm Breite. Angerichtet mit gehaltvollen Saucen und Ragouts, meist von Fleisch oder Geflügel.

Fettuccelle, 9
Bandnudeln von circa 6 mm Breite. Angerichtet mit Saucen aus Butter, Eiern und Käse, mit Fisch und Meeresfrüchten, mit verschiedenen Gemüsen.

Fettuccine, 4
auch Lasagnette. Bandnudeln von ca. 8 mm Breite. Angerichtet mit Tomatensauce oder Fleischsaucen.

Lasagnette ricce, 1
an beiden Rändern gewellte Lasagnette, also breite Bandnudeln. Angerichtet mit gehaltvollen Tomatensaucen (mit Oliven und Meeresfrüchten), mit Ricotta, mit Ragouts von Fleisch oder Wild.

Lingue di passero, 8
zu deutsch Spatzenzungen. Schmale Bandnudeln von gut 2 mm Breite. Angerichtet mit Pesto, Öl oder Butter und Kräutern, mit leichten Fisch- oder Muschelsaucen. Diese Nudeln werden auch in Suppen serviert.

Linguine, 7
noch etwas schmaler als die Lingue, weniger als 2 mm. Auf der Abbildung mit Rote-Bete-Saft gefärbt. Angerichtet in Suppen oder mit leichten Saucen, mit Öl, Butter, Kräutern.

Pappardelle, 3
heißen je nach Gegend auch Fettucce. Beschreibung siehe oben.

Tagliarellini, 5
heißen auch Trenette. Von diesen feinen Bandnudeln werden häufig weiße und grüne in einer Packung angeboten, um das klassische Gericht »paglia e fieno« daraus zu bereiten.

Tagliatelle, 10
Bandnudeln von gut 4 mm Breite. Werden zu Spiralen oder Nestern gewickelt angeboten. Eine der beliebtesten Bandnudeln. Angerichtet mit Käse-, Fisch- und Gemüsesaucen.

Tagliolini, 6
Die feinsten aller Bandnudeln, ca. 1 mm breit und meist hausgemacht. Angerichtet in Brühen, mit Butter und weißer Trüffel, mit leichten Sahnesaucen, Kräutern und Käse.

Trenette, 5
heißen auch Tagliarellini. Gut 3 mm breit. Als ligurische Nudelspezialität werden sie meist mit Pesto angerichtet, mit leichten Kräutersaucen und Meeresfrüchten.

Tripoline, 2
Einseitig gewellte Bandnudeln (wie der Länge nach halbierte Lasagnette ricce). Angerichtet wie diese (1).

PASTA-LEXIKON

Hohlnudeln
Röhrennudeln

Bucatini, 5
Lange dünne Röhrennudeln, Durchmesser ca. 2,5 mm. Angerichtet »all'amatriciana« oder »alla carbonara«, mit Bratensaft, Buttersaucen oder Öl- und Knoblauchsaucen.

Cornetti, 4
zu deutsch Hörnchen, Hörnle. Außen glatt oder gerillt. Bei starker Krümmung heißen sie in Italien auch Gobbetti. »Gobbetto« bedeutet kleiner Buckel. Angerichtet in Minestrone, dicken Suppen oder Tomaten- und leichten Fleischsaucen.

Hörnchen/Hörnle, 4
Siehe Cornetti.

Maccheroni, 6
Ziemlich dicke, außen glatte Röhrennudeln, Durchmesser 6 bis 8 mm. Etwas dünnere heißen Maccheroncini. Maccheroni werden vor dem Kochen häufig in unregelmäßige Stücke gebrochen. Angerichtet in pikanten und süßen Aufläufen oder als Pasta asciutta mit Braten- oder Fleischsaucen, Parmesan oder Pecorinokäse.

Makkaroni, 5 und 6
Das ist die deutsche Schreibweise für das italienische Maccheroni und bezeichnet je nach Hersteller Röhrennudeln unterschiedlicher Stärke.

Millerighe, 2
zu deutsch »tausend Streifen«. Außen wesentlich stärker gerillt als zum Beispiel »Rigatoni« (1). Gibt es in verschiedenen Stärken. Angerichtet in pikanten oder süßen Aufläufen, als Pasticcio oder mit reichhaltigen Saucen und Fleischragouts.

Penne, 3
zu deutsch Federn. Schräg geschnittene Stücke von Hohlnudeln unterschiedlicher Stärke, außen glatt oder gerillt. Angerichtet mit allen gehaltvollen klassischen Nudelsaucen, auch überbakken.

Rigatoni, 1
Dicke Stücke von gegrillten Röhrennudeln mit unterschiedlichen Durchmessern. Angerichtet wie Millerighe (2).

PASTA-LEXIKON

Kurze Teigwaren

Astri, 6
heißen auch Stellette, zu deutsch Sternchen.

Canestri, 5
zu deutsch Körbe, noch kleinere Canestrini. Ovale, gezahnte Pastastückchen werden in der Mitte zusammengedrückt. So entstehen die Körbchen in Form einer langgezogenen 8. Angerichtet je nach Größe in Brühe oder mit Butter, Sahne und anderen zarten Saucen.

Cavatellucci, 2
Kleine, ziemlich dicke Teigtaler werden zum Trocknen um ein Stöckchen gewickelt, so entsteht diese außergewöhnliche Form. Angerichtet in dicken Suppen und Eintöpfen, mit Tomaten- und Fleischsaucen.

Conchiglie, 9
zu deutsch Muscheln. Diese mittlere Größe wird mit leichten Saucen angerichtet, mit Tomaten, Ricotta oder Pesto.

Conchigliette, 8
zu deutsch Müschelchen. Diese kleinste Sorte wird in Brühen und Suppen gereicht.

Eliche, 1
Spiralnudeln, ähnlich wie Fusilli. Diese Nudelform nimmt Saucen besonders gut auf. Angerichtet mit verschiedenen Saucen auf Tomatenbasis.

Farfalle, 3
zu deutsch Schmetterlinge. Angerichtet mit leichten Butter- und Sahnesaucen, mit Kräutern und leichten Gemüsen, mit Tomatensauce.

Farfalline, 4
zu deutsch kleine Schmetterlinge. Angerichtet in Brühen.

Fusilli, 1
Spiralnudeln wie Eliche.

Gnocchetti, 7
Während die traditionellen Gnocchi aus Kartoffeln oder Grieß hergestellt werden, gibt es im Handel getrocknete, kurze Teigwaren, die Gnocchetti heißen. Verwendung: wie die größeren Muschelnudeln.

Muscheln, 8 und 9
Siehe Conchiglie und Conchigliette.

Orecchiette, 10
Zu deutsch Öhrchen. Angerichtet mit gehaltvollen Gemüsesaucen, mit Meeresfrüchten, mit Lamm oder Ricotta.

Schleifen, 3 und 4
Andere deutsche Bezeichnung für Schmetterlingsnudeln, siehe Farfalle.

Schmetterlingsnudeln, 3 und 4
Andere deutsche Bezeichnung für Schleifchennudeln, siehe Farfalle bzw. Farfalline.

Spiralen, 1
Spiralnudeln haben je nach Größe und Windung im Italienischen verschiedene Namen. Vergleiche Eliche und Fusilli.

Stellette, 6
heißen auch Astri. Getrocknete Nudelsternchen in verschiedenen Größen. Angerichtet in Brühen und Suppen.

Sternchen, 6
Siehe Stellette bzw. Astri.

PASTA-LEXIKON

Lange Vollnudeln

Capelli d'angelo, 1
zu deutsch Engelshaar. Andere italienische Bezeichnung: Fidelini. Diese dünnen Fadennudeln werden zu Nestern gewickelt angeboten. Angerichtet in Brühen.

Chinesische Eiernudeln, 2
Mehr oder weniger dicke Nudeln aus Weizenmehl und Ei. In Locken zusammengewickelt und getrocknet. Angerichtet in Suppen oder gebraten mit Gemüse, Fleisch oder Fisch.

Fadennudeln, 1
Suppennudeln wie Capelli d'angelo und Fidelini.

Fidelini, 1
Fadennudeln, Suppennudeln siehe Capelli d'angelo.

Glasnudeln, 3
Feine asiatische Nudeln aus Mehl von Mungo- oder Sojabohnen oder aus Tapioka. Roh und gekocht transparent wie Milchglas. Angerichtet in Brühen, Suppen und Eintöpfen.

Quadretti, 4
Im Querschnitt quadratisch geformte Nudeln von der Stärke dicker Spaghetti. Häufig in Haarnadelform verpackt. Angerichtet wie Spaghetti.

Spaghetti, 7
In der Abbildung ungefärbte Spaghetti und rote Spaghetti, mit Tomatenmark gefärbt. Klassische lange Vollnudeln mit knapp 2 mm Durchmesser. Angerichtet mit allen traditionellen Nudelsaucen.

Spaghettini, 6
auch Vermicelli, dünne Spaghetti mit 1,3 bis 1,5 mm Durchmesser. Angerichtet in Brühen aber auch mit leichten klassischen Garnituren, zum Beispiel »aglio, olio e peperoncino«, »alle vongole«, mit anderen Muscheln und mit Fisch. Zu diesen feinen Nudeln wird niemals Käse gereicht!

Vermicelli, 6
Siehe Spaghettini

Vollkornspaghetti, 5
Spaghetti aus Weizenvollkornmehl. Sie haben eine etwas längere Kochzeit als Spaghetti aus weißem Mehl. Angerichtet vornehmlich mit Saucen ohne Fisch und Fleisch. Vollkornspaghetti können aber zu jeder Pasta asciutta verwendet werden.

PASTA-LEXIKON

Teigwaren zum Füllen

Agnolini, 6
Winzige gefüllte Teigtaschen, zum Ring geformt. Füllung: Fleisch, Käse, Ei. Angerichtet mit Brühe oder Tomatensauce.

Cannelloni, 2
Glatte Teigröhren zum Füllen, Durchmesser ca. 3 cm. Manche Produkte muß man vor dem Füllen kochen, andere sind getrocknet gebrauchsfertig. Füllung: Würzige Fleischfarcen, seltener Fisch oder Gemüse. Angerichtet mit Tomatensauce oder überbacken.

Cappelletti, 5
zu deutsch Hütchen. Gefüllte Teigtaschen, deren Enden so zusammengezogen werden, daß die Form eines runden oder ovalen Hütchens entsteht. Füllung: Fleisch, Wurst, Käse, Ei. Angerichtet wie Tortellini.

Conchiglie grandi, 3
Große Muscheln zum Füllen. Angerichtet mit Fleischfarce gefüllt und im Ofen überbacken.

Lasagne, 1
Die Abbildung zeigt grüne und weiße Lasagne-Blätter, die mit Füllung geschichtet als Auflauf im Ofen gebakken werden. Manche Produkte muß man vor dem Füllen kochen, andere sind getrocknet gebrauchsfertig. Füllung: Hauptsächlich Fleischragout, Béchamelsauce und Käse, seltener Fisch oder Gemüse.

Muscheln, 3
Große Muscheln zum Füllen, siehe Conchiglie grandi.

Ravioli, 4
Quadratische, rechteckige, runde oder halbmondförmige Teigtaschen. Füllung: je nach Region mit Käse, Ei und Schinken oder Gemüse, Pilze oder Fleisch. Angerichtet mit Butter und Reibkäse, mit flüssiger Sahne oder Tomatensauce oder im Ofen überbacken.

Reispapier/Reisblätter, 11
Asiatische Teigblätter aus Reismehl und Wasser, durchsichtig. Werden als Frühlingsrollen gefüllt und fritiert oder gebraten. Füllung: Ei, Sprossen, Gemüse, Garnelen und/oder Fleisch. Angerichtet mit verschiedenen Saucen zum Dippen.

Tortellini, 7
Kleine Teigtaschen, deren Grundform halbrund, dreieckig oder quadratisch ist. 2 Taschenecken werden zusammengezogen und kreisförmig geschlossen. Füllung: Fleisch, Parmesankäse und Ei. Angerichtet in Brühe.

Tortelloni, 8
Form wie Tortellini, nur deutlich größer. Füllung: Ricotta, Parmesankäse, Petersilie, Ei und Muskatnuß. Angerichtet mit flüssiger Butter und Reibkäse oder im Ofen überbacken.

Wan-Tan, gefüllt, 9
Gefüllte Wan-Tan-Blätter, ähnlich geformt wie Ravioli. Füllung: Fisch oder Garnelen, Schweinefleisch und Gemüse. Angerichtet in Brühen oder fritiert.

Wan-Tan-Teigblätter, 10
Asiatischer Nudelteig aus Mehl und Ei. Die vorgeschnittenen Teigblätter werden meist im Stapel tiefgekühlt angeboten.

NUDELN AUS DER EIGENEN KÜCHE

Nudeln selbermachen

Teigwaren von guter Qualität kann man heute in allen Formen und Farben kaufen. Für einen feinen Gaumen liegen jedoch Welten zwischen den getrockneten Nudeln aus der Tüte und frischen, selbstgemachten Nudeln.

Zum besseren Geschmack kommt der Spaß, daß man Farben, Aromen und Formen selbst bestimmen kann.

Für die sogenannte »gute Eiernudel« rechnet man 1 Ei auf 100 Gramm Mehl. Will man den Anteil an Eiern reduzieren, ersetzt man bei einer Menge von 4 Eiern eines durch Eiweiß oder durch 1 Eßlöffel Wasser.

Grundrezept Nudelteig

einfach, zum Einfrieren
4 Portionen

| 400 g Mehl |
| 4 Eier |
| 1 EL Öl |
| 1 Messerspitze Salz |
| 1 EL kaltes Wasser |
| etwas Mehl für die Arbeitsfläche |

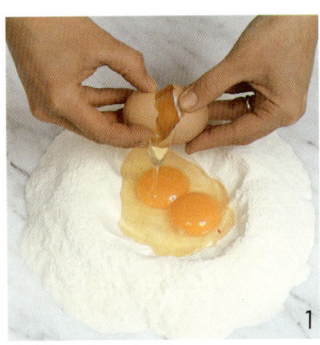

Das Mehl auf die Arbeitsfläche häufen, in die Mitte eine Mulde drücken und alle Zutaten außer dem Wasser hineingeben.

Das Mehl mit den Händen vom Rand her in die Mulde schieben und mit den Zutaten vermischen. Erst jetzt das Wasser zugeben, eventuell 1 bis 2 Teelöffel mehr.

Den Teig mit bemehlter Hand zu einem Kloß zusammendrücken und 10 Minuten kneten, dabei immer wieder flachdrücken, schlagen und wieder drücken, bis er glatt, glänzend und elastisch ist.

Grundrezept Vollkornnudeln

4 Portionen

| 350 g Weizen-Vollkornmehl |
| 3 Eier |
| ½ TL Meersalz |
| 3 EL Wasser |
| 3 EL Olivenöl |

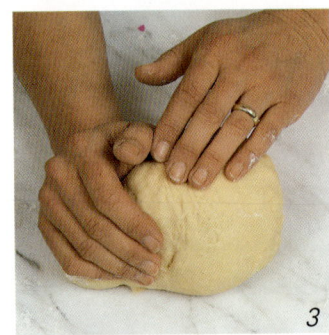

Schließlich den Teig zu einer Kugel formen, eng in Klarsichtfolie wickeln und auf der Arbeitsfläche unter einer angewärmten Schüssel 30 Minuten ruhen lassen.

Nudelteig färben

Natürlich kann man einfach zu Lebensmittelfarben greifen. Aber erstens ist das Ergebnis bei Grün und Blau nicht besonders appetitlich, und außerdem haben wir's ja heute gern wieder natürlich. Es macht keine große Mühe, mit gestoßenen Gewürzen, Gemüsepürees und -säften zu färben.

Je nachdem, wie feucht die »Farbe« ist, muß die Eiermenge im Grundrezept geändert werden. Es empfiehlt sich, 1 bis 2 Eier weniger zu nehmen, vielleicht auch nur weniger Eigelb, denn das Eiweiß bindet und festigt.

Ob Sie mit Pulver, Saft oder Püree färben, die Zutat wird immer samt Eiern, Öl und Salz in die Mehlmulde gegeben. Bei Verwendung von Gemüsesaft und -püree braucht der Teig kein zusätzliches Wasser mehr. Beim Färben das Grundrezept wie folgt abändern:

Gelb: 1 Gramm Safran in der im Grundrezept vorgesehenen Wassermenge auflösen.

Grün: Nur 3 Eier, dazu 200 Gramm tiefgefrorenen Blattspinat auftauen und mit 1 Prise Salz sehr fein pürieren. Die Flüssigkeit aus dem Püree abdämpfen. Statt Spinat reichlich frische Kräuter feinhacken oder mit 1 Prise Salz und 1 bis 2 Eßlöffeln Wasser pürieren.

Orange: Nur 3 Eier, dazu das Püree von 250 Gramm gekochten Möhren oder gekochtem Kürbis, schwach gesalzen.

NUDELN FÄRBEN

Oben: Die »Farben« – hier Spinatpüree – immer mit den anderen Zutaten in die Mehlmulde geben.

Rot: Nur 3 Eier, dazu 3 Eßlöffel Tomatenmark, mit der im Grundrezept vorgesehenen Wassermenge angerührt.
   Für helleres Rot: 1 Eßlöffel Möhrenpüree mit 1 Eßlöffel Tomatenmark verrühren.

Violett: Nur 2 Eier, etwas mehr Salz und das Püree von 250 Gramm gekochter roter Bete. Die Flüssigkeit aus dem Püree abdämpfen.

Hellbraune Pilznudeln: Nur 3 Eier, dazu 30 g getrocknete Pilze, eingeweicht, ausgedrückt und püriert.

*Ganz oben: Schwarz gefärbte Nudeln sind in Norditalien beliebt.
Oben: Mit Kakaopulver gefärbte Nudeln.*

Schwarze Nudeln färbt man mit der Tinte vom Tintenfisch. Es gibt die Tinte auch zu kaufen, in Beutelchen à 4 Gramm abgepackt. Zum Färben den Inhalt von 2 Beutelchen mit der im Grundrezept vorgesehenen Wassermenge verrühren.

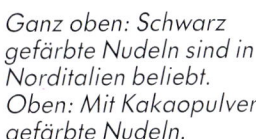

Kakaonudeln sehen lustig aus und schmecken. »Pasta al cacao« ist original italienisch, riecht als frischer Nudelteig wie eine Schokoladenfabrik, hat aber gekocht nur noch einen leicht bitteren, recht interessanten Geschmack. Kakaonudeln entweder als Vorspeise mit Wildragout oder als Beilage zu Ente, Taube oder Wildbraten reichen.
Auf 220 g Mehl: 1 ganzes Ei und 1 Eiweiß, 20 g Kakaopulver, 1 Prise Salz, 2 EL Öl, 4 EL Wasser.

Tip:
Bei sehr feuchten Pürees empfiehlt es sich, die Flüssigkeit abzudämpfen. Dazu das Püree in einem Pfännchen auf schwacher Hitze rühren, bis die Flüssigkeit verdampft ist.

Sie sehen im Uhrzeigersinn von rechts nach links oben: Weinroter Nudelteig, mit Rote-Bete-Püree gefärbt, wird beim Kochen rosa. Gelber Nudelteig, gefärbt mit Safranpulver, Karotten- oder Kürbispüree. Hellroter Nudelteig, mit Tomatenmark gefärbt. Grüner Nudelteig wird mit Spinatpüree oder -saft gleichmäßig grün gesprenkelt. In der Mitte liegt ungefärbter Teig.

NUDELN FÄRBEN

Farben kombinieren

Falls Sie sich bei der Abbildung neben dem Vorwort am Anfang des Buches gefragt haben, wie der Schriftzug »PASTA« in den Nudelteig kommt – hier zeigen wir es Ihnen!

Zwei verschiedenfarbige Teigstücke nicht zu dünn auswalzen bei der abgebildeten Nudelmaschine zum Beispiel bis zur Einstellung 4. Die Buchstaben mit Förmchen oder dem Messer aus einer Teigplatte schneiden.

Für die Größe der Buchstaben ist zu beachten, daß sie beim weiteren Walzen wesentlich mehr in die Länge als in die Breite gehen.

Für die Initialen auf den Ravioli zum Beispiel, wurden 2 cm hohe Buchstaben im Abstand von 4 cm auf die andersfarbige Teigplatte gelegt. Damit sie nicht verrutschen, die untere Hälfte der Buchstaben mit einem feuchten Pinsel bestreichen und leicht andrücken. Die obere Hälfte sollte nicht kleben, damit sie beim Walzen in der Länge nachgeben kann und der Buchstabe seine Form behält. Die mit den Buchstaben belegte Teigplatte zunächst durch eine weitere Walzeneinstellung drehen (in diesem Fall Nummer 3). Dann noch zweimal dünner walzen (4 und 5).

Keine Angst: Die beiden verschiedenfarbigen Teige verschmelzen fest miteinander und lösen sich auch beim Kochen nicht!

Ähnlich ist das Verfahren wenn man buntgestreiften Teig herstellen möchte.

Zunächst von jeder Farbe Teigplatten in gleicher Stärke walzen. Dann die Platten mit dem gezackten Teigrad quer oder längs in beliebig breite Streifen schneiden. Die Ränder mit einem feuchten Pinsel bestreichen – nicht zu naß! – und die bunten Streifen aneinandersetzen. Die Ränder sollten 4 bis 5 Millimeter überlappen.

Das Kombinieren von verschiedenfarbigem Nudelteig ist eine lustige Spielerei und wirklich ganz einfach. Das einzige was Sie brauchen, ist Zeit.

Nudelteig schneiden und formen

Außer den runden (Spaghetti, Makkaroni) können Sie fast alle Nudelformen ohne Mühe selbst herstellen.

Die Teigkugel nach dem Ruhen halbieren und den Teig portionsweise auf der bemehlten Arbeitsfläche möglichst dünn ausrollen.

Mit Hilfe der Nudelmaschine werden die Teigplatten schön gleichmäßig, aber nur beschränkt breit. Für feine und mittlere Bandnudeln empfiehlt sich die Maschine.

Nudeln, die nicht sofort gekocht werden, zu Nestern oder im Zickzack zusammenlegen, damit sie sich nach dem Trocknen besser verstauen lassen.

Bandnudeln lassen sich auch von Hand gut schneiden. Den Teig portionsweise dünn ausrollen, kurz antrocknen lassen, mit Mehl bestäuben und eng zusammenrollen. Von der Rolle mit einem scharfen Messer gleichmäßige Scheiben in

beliebiger Breite schneiden. Die Nudeln sofort auseinanderrollen und antrocknen lassen, bevor sie gekocht oder zu Nestern gewickelt werden.
2 bis 3 cm breite Pappardelle schneidet man am besten mit dem Rädchen von der Teigplatte. Vor

dem Kochen die Nudeln ausgebreitet antrocknen lassen.
Teilt man die Pappardelle quer in Rechtecke, kann man daraus kleine Schleifchen drücken. Sie brauchen beim Garen etwa 3 Minuten länger als der flache Nudelteig.

Jede Nudelmaschine hat eine Anleitung dabei, die Sie am besten genau befolgen. Grundsätzlich gilt, den Teig in möglichst kleinen Portionen zu verarbeiten. Sie werden überrascht sein, wie sehr sich der Teig bei jedem feineren Walzen dehnt.

Falls der Teig an den Rändern sehr unregelmäßig wird, vor dem letzten Walzen geradeschneiden. Für Lasagneblätter und breite Bandnudeln sollten Sie die Teigplatte nicht durch die allerfeinste Einstellung walzen.

Die Nudeln werden schöner und trennen sich besser voneinander, wenn die Teigplatte nicht zu weich bzw. feucht ist. Lassen Sie die Teigplatte vor dem Nudelschneiden 10 Minuten antrocknen.

Nudelteig füllen

Ob »Schwäbische Maultaschen«, »Kärntner Schlickkrapferl« oder chinesische »Dim Sums« – es handelt sich immer um eine Teighülle mit leckerer Füllung. Das beste Beispiel für die vielen Variationsmöglichkeiten gibt uns aber die italienische Küche. Nirgendwo sonst findet man gefüllte Teigwaren in so vielen verschiedenen Formen. Unterschiedlich sind auch die Füllungen: Fleisch, Geflügel, Fisch, Krustentiere, Quark, Käse, Eier, Gemüse, Pilze, Trockenobst und Nüsse – alles kann als feingewürzte Farce in ein Päckchen aus Nudelteig schlüpfen.

Die Zubereitung von Ravioli ist beispielhaft für viele gefüllte Teigwaren und zudem sehr einfach. Natürlich kann Nudelteig, der nach dem Rezept für Bandnudeln zubereitet wurde, auch gefüllt werden. Besonders elastischer Nudelteig ist zum Füllen aber besser geeignet.

Grundrezept für Nudelteig zum Füllen

400 g Mehl
1 Ei und 1 Eiweiß
10 EL Wasser
2 EL Öl
1 Messerspitze Salz

Formen

Außer den quadratischen Ravioli gibt es viele traditionelle Formen: Agnolini, Agnolotti, Cannelloni, Capellacci, Casonsei, Ofelle, Pansoti, Tortelli, Tortellini, Tortelloni ... Wenn es schnell gehen soll, benutzt die italienische Hausfrau die abgebildeten Stempel oder spezielle Ravioliesen, -formen und -gitter. Erlaubt ist aber alles, was Spaß macht! Ihre Ausstechförmchen für das Weihnachtsgebäck leisten auch gute Dienste, und schließlich hat ja jeder seine Finger zum Drücken, Drehen und Ziehen.

Den Teig nach dem Ruhen dünn ausrollen und mit einem Tuch bedecken, damit er nicht austrocknet. Nur das Teigstück, das gerade gefüllt werden soll, bleibt frei.

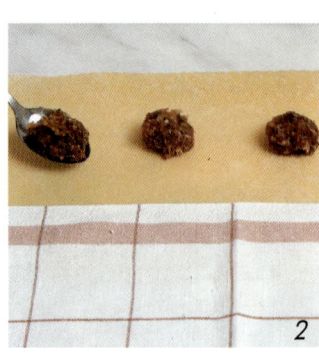

Die vorbereitete, möglichst trockene Füllung in kleinen Häufchen in einer Reihe auf den Teig setzen, ca. 4 bis 6 cm voneinander entfernt.

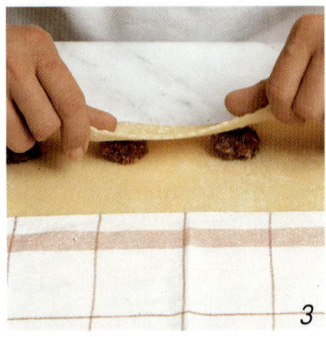

Den Teigrand vorsichtig über die Füllung legen.

Den Teig zwischen den Häufchen mit den Fingerspitzen fest aufeinanderdrücken, damit die Ränder jeder einzelnen Teigtasche verschlossen sind.

Den gefüllten Teigstreifen mit dem Teigrad abschneiden, dann in einzelne Ravioli schneiden.

Oder so:
Das streifenweise Füllen und Schneiden von Ravioli ist eine sichere Sache. Mit etwas Übung kann man aber die hauseigene Massenproduktion beschleunigen.

Zwei gleich große Teigplatten ausrollen. Auf eine davon die Füllung in kleinen Häufchen und gleichmäßigen Reihen setzen. Die zweite Teigplatte darauflegen und beide Schichten rund um die Häufchen aufeinanderdrücken.

Ravioli mit dem Stempel oder einer beliebigen Form ausstechen.

Tip:
Nudelteig, der gefüllt werden soll, muß besonders elastisch und weich sein, damit er sehr dünn ausgerollt werden kann. Deshalb wird der Anteil an Eiern herabgesetzt und statt dessen die nötige Wassermenge zugegeben. Manche Rezepte empfehlen auch etwas Weißwein oder mehr Öl.

Der Teig soll nach dem Ruhen sofort ausgerollt und gefüllt werden, damit er nicht zu stark trocknet. Aus dem gleichen Grund sollte die Raumtemperatur nicht zu warm sein.

Teig, der gerade nicht verarbeitet wird, mit einem Küchentuch zudecken.

Wenn die Teigränder, zum Beispiel bei Ravioli, nicht gut aufeinander haften, bestreicht man sie mit etwas Wasser. Die beiden Teigschichten rund um die Füllung fest aufeinanderdrücken, damit sich das Päckchen beim Kochen nicht öffnet. Die Ravioli vor dem Kochen mindestens 10 Minuten auf einer bemehlten Fläche antrocknen lassen.

Fertig gefüllte Pasta kann getrocknet oder eingefroren werden.

NUDELTEIG FÜLLEN

Tortellini

Wem Eigelb zu langweilig ist, der kann auch Spinatgrün oder Tomatenrot wählen. Die Farbe spielt keine Rolle, und auch als Füllung ist erlaubt, was schmeckt. Nur an die Form sollte man sich halten, sonst sind es keine Tortellini mehr. Wer allerdings zehn linke Daumen hat oder sehr großen Hunger, darf aus den Tortellini »Tortelloni« machen, also dieselbe Form, nur doppelt so groß, mit doppelt viel drin.

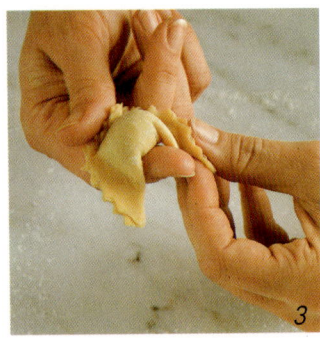

Teigquadrate von 4 bis 5 cm Seitenlänge ausschneiden und Füllen.

Das Quadrat zum Dreieck zusammenlegen und den Teig rund um die Füllung andrücken.

Das Dreieck über dem Zeigefinger formen: Die Spitze hochbiegen und die beiden seitlichen Ecken über den Finger legen.

Die Teigenden zum Ring schließen und fest zusammendrücken. So geformt heißen sie auch Agnolini.

Zweifarbige Tortellini

Zweifarbige Tortellini

Hier ist die Ausgangsform rund statt quadratisch, Durchmesser 4 cm. Kreise aus zwei verschiedenfarbigen Teigplatten stechen, füllen und aufeinanderlegen.

Den Teig rund um die Füllung andrücken und den Rand an einer Stelle nach unten einschlagen.

Die so entstehenden Ecken zusammenziehen und übereinander festdrücken.

Diese Tortellini-Form erinnert an den berühmten »Venusnabel«, natürlich muß er nicht zweifarbig sein!

Casonsei

Die Ausgangsform für diese dicken Beutelchen ist ein Kreis von etwa 7 cm Durchmesser. Die Teigstücke füllen und eine Seite über die Füllung ziehen.

Den weiteren Teig abwechselnd links und rechts in engen Falten über die Füllung ziehen.

Wenn aller Teig eingeschlagen ist, den Zipfel des Beutels fest zusammendrücken.

Falls sich dieses Teigende in die Länge zieht, zwickt man es möglichst nah am Beutelchen ab.

Cappelletti

Die Ausgangsform ist ein Quadrat von etwa 5 cm Seitenlänge. Den Teig füllen und zur Hälfte zusammenschlagen.

Die beiden Teigschichten rund um die Füllung fest andrücken. Dann die beiden Enden der Bugkante zusammenziehen.

Übereinander andrücken und dabei flachdrücken,

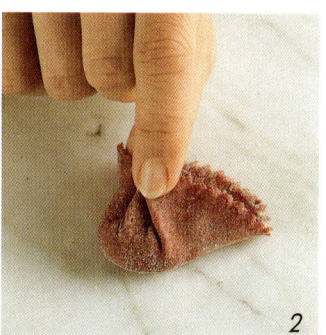

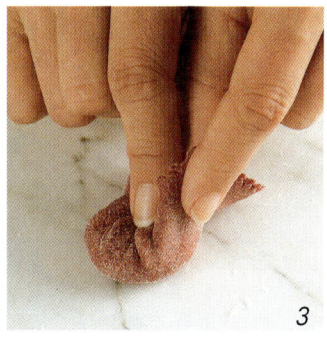

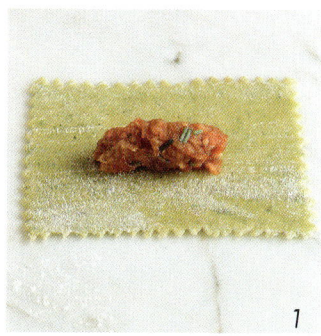

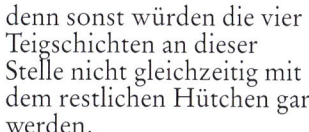

denn sonst würden die vier Teigschichten an dieser Stelle nicht gleichzeitig mit dem restlichen Hütchen gar werden.

Pasta-Bonbons

Teigquadrate von etwa 6 cm Seitenlänge schneiden und füllen. Die Quadrate zur Hälfte zusammenlegen und die Teigschichten rund um die Füllung fest andrücken. Dann die ungefüllten Enden

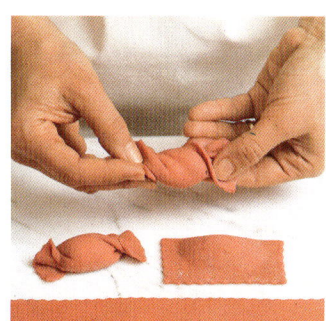

in entgegengesetzter Richtung zur Bonbonform drehen. Die Teigenden etwas flachdrücken und eventuell mit dem Teigrad kürzer schneiden.

Tip:
Zum Füllen von großen Muschelnudeln und Cannelloni eignet sich am besten der Spritzbeutel. Bei Muschelnudeln eine weite Lochtülle verwenden, bei Cannelloni direkt aus dem Beutel ohne Tülle spritzen.

So läßt sich die Füllung gut dosieren und gelangt schnell und sauber in die Teighülle.

NUDELN KOCHEN

Nudeln kochen

In sprudelndem Salzwasser brauchen frische Nudeln nur 2 bis 4 Minuten. Nach 2 Minuten Kochzeit laufend probieren, damit sie nicht zu weich werden. Alle anderen Speisen müssen vorbereitet sein, ehe man die Teigwaren ins Wasser gibt.

Die Kochzeit für gekaufte, getrocknete Nudeln steht häufig auf der Packung. Je nach Sorte beträgt sie 4 bis 8 Minuten.

Der Topf soll groß genug sein, um für 100 Gramm Teigwaren 1 Liter Wasser zu fassen. Das Wasser darf nur bis zu Dreiviertel der Topfhöhe reichen. Salz gibt man erst zu, wenn das Wasser schon sehr heiß ist, und zwar 10 Gramm pro 1 Liter. Wenn das Wasser kocht, je nach Rezept einen Schuß Öl zugeben, Teigwaren hineinwerfen und umrühren.

*Den Topf eventuell zudecken, damit das Wasser schnell wieder zum Kochen kommt. Dann im **offenen** Topf bei etwas reduzierter Hitze weiterkochen (das Wasser soll immer wallen). Ab und zu umrühren und schon sehr bald eine Garprobe machen.*

Die Kochzeit hängt von der Stärke des Teiges und der Eiermenge ab. Die Teigwaren sind fertig, wenn sie »al dente« (bißfest) sind. Das heißt weich, aber beim Draufbeißen noch mit etwas Widerstand.

Nun wird das Kochen entweder unterbrochen, indem man 1 Glas kaltes Wasser in den Topf schüttet und die Nudeln heraushebt. Die andere Möglichkeit: Nudeln abgießen und sofort in der vorgewärmten Schüssel mit der Sauce oder anderen Zutaten vermischen. Nudeln niemals im Backofen warm halten, sondern umgehend auftragen. Für Nudelsalate werden die gekochten Teigwaren kalt gespült.

Gefüllte Teigwaren kochen

Um frische Ravioli oder ähnliches zu kochen, gibt man sie portionsweise in viel kochendes Salzwasser oder in Brühe.

Ravioli, die mit einer Sauce und Käse angerichtet werden sollen, kocht man besser in Wasser, weil sich dann der Nudelteig inniger mit der Sauce verbindet. Das Fett in der Brühe würde die Oberfläche der Ravioli für Sauce und Käse abweisend machen.

Ravioli im offenen Topf kochen. Dabei immer wieder umrühren, am besten mit einem Holzlöffel, der Teig und Füllung weniger leicht verletzt. Frisch gefüllte Teigwaren haben eine Kochzeit von 10 bis 15 Minuten.

SPÄTZLE

Machen Sie rechtzeitig eine Garprobe, und testen Sie besonders die Stellen, wo der Teig doppelt aufeinanderliegt.

Jede gekochte Portion Ravioli aus dem Wasser heben und kurz in einem Durchschlag abtropfen lassen. Dann schichtweise in eine vorgewärmte Schüssel legen und mit Sahne, Butter oder einer Lage Sauce bedecken, bis die restlichen Ravioli gegart sind.

Falls gefüllte Teigwaren als Suppeneinlage in Brühe serviert werden, legt man erst die gegarten Teigwaren in die Schüssel und gießt dann die Brühe darüber. Reibkäse, den es dazu geben soll, reicht man getrennt. Auch gekochte Teigwaren können eingefroren werden.

Spätzle

Bei der Teigherstellung muß berücksichtigt werden, mit welchem Gerät die Spätzle in Form gebracht werden. Dementsprechend kann die erforderliche Wassermenge stark variieren.

Brett: Schwäbische Hausfrauen, die den Dreh heraushaben, schaben ihre Spätzle traditionsgemäß vom nassen Holzbrett. Geschabte Spätzle erfordern einen recht festen Teig, der kräftig durchgearbeitet wird, bis er Blasen wirft. Die Wasserzugabe fällt hier also sehr niedrig aus, höchstens ein Achtliter. Ist der Teig dennoch zu weich, mit Mehl korrigieren.

Spätzledrücker, -presse, -sieb: Der Teig wird gut geschlagen, ist aber nicht so fest wie für handgeschabte Spätzle. Wasserzugabe nach Grundrezept.

Hobel: Werden die Spätzle gehobelt, genügt es, die Zutaten locker so zu vermischen, daß keine Klümpchen mehr darin sind.

Alle Spätzlegeräte vor dem Füllen mit Teig in heißes Wasser tauchen.

Der Kochtopf ist groß und hoch und nur zur Hälfte mit Salzwasser gefüllt, damit das Gerät genügend Abstand zum dampfenden, sprudelnden Wasser hat und nicht so schnell verklebt.
Garzeit: 3 bis 5 Minuten.

Die fertigen Spätzle mit der Schaumkelle herausheben.
Beilagenspätzle kurz mit klarem Wasser durchspülen, abtropfen lassen und zum Servieren in Butter erwärmen. Die Spätzle können gut schon einige Stunden vor dem Essen hergestellt werden.

Bunte Spatzen: Ebenso wie Nudelteig kann Spätzleteig mit Spinat, Kräutern, Tomatenmark und so fort gefärbt und aromatisiert werden.

Der Vollwerttip

Bei Spätzle läßt sich das Auszugsmehl ganz oder teilweise durch Weizen- oder Dinkelvollkornmehl ersetzen. In diesem Fall das Mehl erst mindestens 30 Minuten quellen lassen, bevor die Eier zugefügt werden.

Schwäbische Spätzle

Die angegebene Menge reicht als Beilage für 6, als Hauptgericht für 4 Portionen

einfach, zum Einfrieren

| 500 g Mehl |
| 5 Eier |
| ¼ l lauwarmes Wasser |
| 1 TL Salz |
| 3 EL Butter |

Mehl, Eier, Wasser und Salz zu einem dicken Teig verrühren und so lange mit der Hand schlagen, bis der Teig Blasen wirft.

Einen großen Topf zur Hälfte mit Wasser füllen, Salz zugeben und das Wasser zum Kochen bringen. Den Teig portionsweise durch eine Spätzlepresse oder mit dem Spätzlehobel ins sprudelnde Wasser drücken. Dabei die Geräte vor dem Füllen mit Teig in heißes Wasser tauchen und erst gefüllt auf den Topf setzen.

Nach 3 bis 5 Minuten die fertigen Spätzle mit einem Schaumlöffel in ein Sieb heben, unter kaltem Wasser kurz durchspülen und abtropfen lassen.

Vor dem Servieren die Butter in einer tiefen Pfanne zerlassen und die Spätzle darin wieder erwärmen.

Spätzle passen hervorragend zu Wildgerichten und allen Braten mit Sauce.

Nährwerte pro Portion	
Kilokalorien	*440*
Kilojoule	*1820*
Eiweiß/g	*15*
Kohlenhydrate/g	*61*
Fett/g	*12*
Ballaststoffe/g	*1,8*

TRADITIONELLE ITALIENISCHE NUDELSAUCEN

Sugo di pomodori – Tomatensauce

Die einfachste, beliebteste und gesündeste Nudelsauce heißt in Italien »Sugo di pomodori«. Je nach Region kommen verschiedene würzende Zutaten hinein, wichtig ist jedoch überall, daß wirklich reife und aromatische Tomaten verwendet werden. Italienerinnen lieben die bei uns selten angebotenen länglichen Flaschen- oder Eiertomaten.

einfach, zum Einfrieren
4 Portionen

2 kleine Möhren
2 Stangen Sellerie
1 kleine Zwiebel
1 Knoblauchzehe
1 Bund glatte Petersilie
500 g sehr reife Tomaten oder 1 große Dose geschälte Tomaten, 480 g
2 EL Öl
1 EL Tomatenmark
1 Prise Zucker
Salz
frisch gemahlener schwarzer Pfeffer
1 kleines Bund Basilikum

Die Möhren schälen und in Scheiben schneiden. Sellerie waschen, putzen, in kleine Stücke schneiden. Zwiebel und Knoblauch abziehen und würfeln. Die Petersilie waschen, trockenschütteln und die Blättchen abzupfen. Möhren, Sellerie, Zwiebel, Knoblauch und Petersilie auf einem großen Brett feinhacken oder wiegen.

Die frischen Tomaten kreuzweise einritzen, kurz in kochendes Wasser legen und häuten. Dann grob zerteilen.

Das Öl in einer hohen Pfanne oder einem Topf erhitzen, die gehackte Gemüsemischung darin rundherum anbraten. Tomaten, Tomatenmark, Zucker, Salz und Pfeffer zugeben. Zugedeckt bei milder Hitze 30 Minuten köcheln lassen.

Inzwischen Basilikum waschen und in Streifen schneiden. Zur Sauce geben und weitere 10 Minuten kochen.

Die Sauce in ein Passiersieb geben, durchstreichen und abschmecken.

Nährwerte pro Portion	
Kilokalorien	95
Kilojoule	400
Eiweiß/g	2
Kohlenhydrate/g	7
Fett/g	6
Ballaststoffe/g	1

Tomatensauce für Eilige

2 Portionen

1 große Zwiebel
2 Knoblauchzehen
100 g gekochter Schweinebauch, falls vorhanden
3 EL Olivenöl
1 große Dose geschälte Tomaten
1 EL Kräuter der Provence oder je 1 TL getrockneter Oregano, Thymian und Rosmarin
Salz
frisch gemahlener schwarzer Pfeffer
1 Messerspitze Cayennepfeffer

Zwiebel und Knoblauch abziehen und sehr fein hacken. Den Schweinebauch kleinwürfeln (ohne Schweinebauch schmeckt die Sauce auch).

In einer weiten, tiefen Pfanne das Olivenöl erhitzen und die oben genannten Zutaten darin goldgelb braten. Geschälte Tomaten samt Saft zugeben. Alle Gewürze einrühren und mit dem elektrischen Pürierstab zu einer sämigen Sauce vermischen.

Bei mittlerer Hitze 15 Minuten köcheln lassen. Eventuell ein Spritzsieb auflegen.

Nährwerte pro Portion	
Kilokalorien	300
Kilojoule	1270
Eiweiß/g	11
Kohlenhydrate/g	6
Fett/g	24
Ballaststoffe/g	3,6

Muschelsauce

Unter dem Namen »Sugo con le conchiglie« findet sich diese oder eine ähnliche würzige Muschelsauce in ganz Italien auf den Speisekarten. Sie wird mit »cozze«, den dunklen Miesmuscheln, oder mit »vongole«, den kleinen Venusmuscheln, zubereitet.

einfach, zum Einfrieren
4 Portionen

| 750 g Miesmuscheln |
| 250 g Venus- oder Herzmuscheln |
| 150 g Möhren |
| 2 Stangen Sellerie |
| 1 große Zwiebel |
| 2 Knoblauchzehen |
| 2 Bund glatte Petersilie |
| 3 EL Olivenöl |
| 1 kg Fleischtomaten |
| Salz |
| frisch gemahlener schwarzer Pfeffer |

| Pasta: zum Beispiel 250 g Spaghetti |

Die Muscheln sorgfältig waschen und abbürsten, alle geöffneten Muscheln unbedingt aussortieren und wegwerfen.

Möhren und Sellerie putzen und waschen, Zwiebel und Knoblauch schälen, 1 Bund Petersilie waschen und trockenschütteln. Alles feinhacken. Im Öl in einem Topf bei mittlerer Hitze anschwitzen. Die Muscheln zugeben und zugedeckt etwa 10 Minuten garen, zwischendurch den Topf mehrfach kräftig rütteln.

Inzwischen die Tomaten blanchieren, häuten und grobhacken.

Die Muscheln aus dem Topf heben, die Tomaten zum darin verbliebenen Gemüsesud geben. Mit Salz und Pfeffer kräftig würzen, etwas einkochen lassen.

Die Spaghetti in reichlich Salzwasser geben und darin nach der Packungsbeschreibung al dente kochen.

Bis auf einige Exemplare zur Dekoration die Muscheln aus der Schale lösen. Noch geschlossene Muscheln unbedingt wegwerfen.

Muscheln in die dicklich eingekochte Tomatensauce geben, bei schwacher Hitze noch kurz durchziehen lassen. Das zweite Bund Petersilie hacken und darüberstreuen. Mit den gut abgetropften Nudeln servieren.

Nährwerte pro Portion	
Kilokalorien	500
Kilojoule	2100
Eiweiß/g	25
Kohlenhydrate/g	79
Fett/g	11
Ballaststoffe/g	11

Variation:

Alla marinara

Das ist eine erweiterte »Muschelsauce« mit verschiedenen Meeresfrüchten. Jedenfalls sollten Garnelenschwänze dabeisein und in Ringe geschnittener Tintenfisch. Die dafür verwendeten Muscheln sind meist Vongole.

TRADITIONELLE ITALIENISCHE NUDELSAUCEN

Was wäre die italienische Pasta ohne Tomatensauce? Zum Glück brachte der Spanier Christoph Kolumbus die Tomate mit in die Alte Welt. Doch erst 200 Jahre später trat sie ihren Siegeszug durch alle europäischen Küchen an. Und diesmal waren es die Italiener, vor allem die Neapolitaner, die den Grundstein für ihre Karriere legten. Sie begannen im 17. Jahrhundert mit dem Anbau.

Ragù alla bolognese – Bologneser Fleischsauce

Die Bologneser Fleischsauce ist neben der reinen Tomatensauce die klassische Beigabe zu langen Spaghetti. Auch diese Sauce läßt sich auf Vorrat kochen.

zum Einfrieren
4 Portionen

20 g getrocknete Steinpilze
2 kleine Möhren
2 Stangen Sellerie
1 kleine Zwiebel
1 Knoblauchzehe
1 Bund glatte Petersilie
30 g Speck
20 g Butter
250 g Rinderhackfleisch
100 ml Rotwein
200 g pürierte Tomaten (Fertigprodukt)
1 EL Tomatenmark
1 Prise Zucker
1 Messerspitze gemahlene Muskatnuß
Salz
frisch gemahlener schwarzer Pfeffer
50 g Hühnerlebern und -herzen

Die Steinpilze in einer kleinen Schüssel in lauwarmem Wasser einweichen.

Die Möhren schälen, in Scheiben schneiden. Sellerie waschen, putzen, in Stücke schneiden. Zwiebel und Knoblauch schälen und würfeln. Petersilie waschen, trockenschütteln und die Blättchen abzupfen. Das ganze Gemüse und die Petersilie auf einem Brett feinhacken oder wiegen.

Den Speck feinwürfeln. Die Butter in einem großen Topf zerlassen, Speckwürfel darin auslassen.

Wenn der Speck zu bräunen beginnt, das feingehackte Gemüse zugeben und unter Rühren einige Minuten anbraten.

Das Hackfleisch zugeben und unter Rühren braten, bis es krümelig ist. Mit dem Rotwein ablöschen, dann das Tomatenpüree, Tomatenmark, Zucker, Muskatnuß, Salz und Pfeffer einrühren.

Die eingeweichten Steinpilze in kleine Stücke schneiden, Hühnerinnereien feinwürfeln. Beides zur Sauce geben, bei schwacher Hitze ohne Deckel mindestens 1 Stunde einkochen lassen.

Nährwerte pro Portion	
Kilokalorien	280
Kilojoule	1150
Eiweiß/g	19
Kohlenhydrate/g	6
Fett/g	18
Ballaststoffe/g	3,5

TRADITIONELLE ITALIENISCHE NUDELSAUCEN

Alla puttanesca
braucht Zeit
4 Portionen

500 g reife Tomaten (oder Tomatenfruchtfleisch aus der Packung)
100 g schwarze Oliven ohne Stein
2 EL Kapern
2–3 Knoblauchzehen
4 eingelegte Sardellenfilets
4 EL Olivenöl
2 EL Tomatenmark
Salz
frisch gemahlener schwarzer Pfeffer

Pasta: 300 g Schmetterlingsnudeln oder Spaghetti

Die Tomaten kurz in kochendem Wasser brühen, kalt abschrecken und enthäuten. Die Tomaten waagrecht halbieren und die Kerne herauskratzen, das Fruchtfleisch grobhacken.

Die Oliven und die Kapern feinhacken. Die Knoblauchzehen abziehen und ebenfalls feinhacken. Die Sardellenfilets abspülen, trockentupfen, erst hacken und dann mit einer Gabel fein zerdrücken.

Das Olivenöl in einem Topf erhitzen. Knoblauch, Tomatenfruchtfleisch, Tomatenmark und die zerdrückten Sardellenfilets einrühren. Die Sauce 15 Minuten im offenen Topf schwach köcheln lassen.

Inzwischen die Nudeln kochen.

Die gehackten Oliven und Kapern in die Sauce rühren und vorsichtig mit Salz und Pfeffer abschmecken, weil Zutaten wie Oliven, Kapern und Sardellen schon sehr würzig sind.

Die fertige Sauce sofort mit den gekochten Nudeln servieren.

Nährwerte pro Portion	
Kilokalorien	490
Kilojoule	2040
Eiweiß/g	12
Kohlenhydrate/g	60
Fett/g	20
Ballaststoffe/g	5,5

All'amatriciana

einfach

4 Portionen

150 g geräucherter Schweinebauch
2 EL Öl
1 kleine Zwiebel
250 g Tomatenfruchtfleisch (Packung)
1 kleine rote Chilischote
Salz
50 g frisch geriebener Pecorino (oder Parmesankäse)
Pasta: 300 g Bucatini

Den Schweinebauch in etwa 1 cm große Würfel schneiden. Das Öl in eine Pfanne geben und die Speckwürfel bei milder Hitze rundherum anbraten.

Die Zwiebel abziehen, feinhacken, in die Pfanne rühren und glasig dünsten.

Das Tomatenfruchtfleisch einrühren.

Die Chilischote aufschlitzen, entkernen, sehr fein hacken und in die Sauce rühren.

Inzwischen die Nudeln kochen.

Die Sauce mit Salz abschmecken und in einer vorgewärmten Schüssel mit den abgetropften Nudeln vermischen. Den geriebenen Pecorino unterheben und das Gericht sofort servieren.

Nährwerte pro Portion	
Kilokalorien	490
Kilojoule	2050
Eiweiß/g	23
Kohlenhydrate/g	56
Fett/g	16
Ballaststoffe/g	3,3

Eines haben alle Italiener gemeinsam – die Liebe zu »ihrer« Nudelform. Und die zeigt sich schon bei der Namensgebung: wie Venusnabel, fette Lämmchen, Löckchen, Schmetterlinge und Würmchen.

TRADITIONELLE ITALIENISCHE NUDELSAUCEN

Alla carbonara

zu Spaghetti
einfach
4 Portionen

300 g Spaghetti
Salz
4 Eier
4 EL Sahne
100 g geriebener Parmesankäse
frisch gemahlener schwarzer Pfeffer
150 g geräucherter Schweinebauch
1 EL Öl

Die Spaghetti in reichlich Salzwasser nach Packungsbeschreibung al dente kochen.

Inzwischen die Eier mit Sahne, Käse, Salz und Pfeffer in einer Schüssel mit dem Schneebesen verschlagen.

Den Schweinebauch würfeln und im Öl in einer großen Pfanne knusprig ausbraten.

Die Spaghetti abtropfen lassen, in die Pfanne geben, gründlich vermischen. Die Käsesauce darübergießen. Die Hitze sofort abschalten, die Nudeln ein paarmal wenden, bis das Ei eben zu stocken beginnt – es muß cremig bleiben. Am besten gleich aus der Pfanne servieren.

Nährwerte pro Portion	
Kilokalorien	710
Kilojoule	3000
Eiweiß/g	31
Kohlenhydrate/g	51
Fett/g	43
Ballaststoffe/g	3

Rohe Tomatensauce

Die Sauce sollte am besten zugedeckt über Nacht im Kühlschrank ziehen.

einfach
4 Portionen

500 g reife Eiertomaten
1 Knoblauchzehe
2 kleine rote Chilischoten
Salz
1 Bund glatte Petersilie
½ Bund Basilikum
8 EL Olivenöl

Die Eiertomaten abwischen und den Stielansatz jeweils herausschneiden.

Die Knoblauchzehe abziehen und sehr fein hacken. Die Chilischoten der Länge nach aufschlitzen, entkernen und ebenfalls sehr fein hacken.

Die Eiertomaten grob hacken und in eine Schüssel geben. Knoblauch, Chilischoten und etwas Salz zugeben und die Tomaten mit einem Stößel oder einer Gabel zerdrücken. Das Ergebnis soll ein Püree »mit Biß« sein.

Petersilie und Basilikum waschen, trockenschütteln und die Blätter von den Stengeln zupfen. Die Kräuter feinhacken und in die Tomatensauce rühren. Mit Salz abschmecken und das Olivenöl einrühren.

Die rohe Tomatensauce zugedeckt mindestens 6 Stunden ziehen lassen, besser über Nacht.

Nährwerte pro Portion	
Kilokalorien	250
Kilojoule	1050
Eiweiß/g	2
Kohlenhydrate/g	4
Fett/g	24
Ballaststoffe/g	2,5

Drei-Käsesauce

zu Penne

In ihrer italienischen Heimat heißt diese würzige Sauce »Salsa ai tre formaggi«.

einfach
4 Portionen

300 g Penne
Salz
100 g Mascarpone
2 Eigelb
weißer Pfeffer
50 g Butter
300 g Schlagsahne
100 g Reibkäse (Parmesan oder Gruyère)
100 g Gorgonzola

Die Penne in reichlich Salzwasser al dente kochen.

Inzwischen den Mascarpone mit Eigelb, Salz und Pfeffer cremig rühren.

Die Butter in einer großen Pfanne zerlassen, die Sahne einrühren und etwas einkochen lassen. Parmesan oder Gruyère reiben, den Gorgonzola zerbröckeln, beides in die Sahnesauce rühren. Bei schwacher Hitze unter ständigem Rühren cremig werden lassen.

Penne abtropfen lassen und zur Käsesauce geben, den Mascarpone darübergießen. Gründlich vermischen und dabei erwärmen. Aus der Pfanne oder in einer vorgewärmten Schüssel sofort servieren.

Nährwerte pro Portion	
Kilokalorien	860
Kilojoule	3600
Eiweiß/g	30
Kohlenhydrate/g	53
Fett/g	58
Ballaststoffe/g	3

TRADITIONELLE ITALIENISCHE NUDELSAUCEN

Alla cacciatora

braucht Zeit
4 Portionen

50 g getrocknete Steinpilze
1 kleine Zwiebel
1 Knoblauchzehe
1 Selleriestange
4 EL Olivenöl
50 g geräucherter Schweinebauch
Salz
frisch gemahlener schwarzer Pfeffer
1 dicke Scheibe roher Schinken, 50 g
4 EL Rotwein
1 Lorbeerblatt
150 g Schlagsahne

Pasta: 300 g dünne Makkaroni

Die Steinpilze in einer Tasse mit lauwarmem Wasser bedecken und 30 Minuten quellen lassen.
Die Zwiebel, die Knoblauchzehe und die Selleriestange abziehen und sehr fein hacken.
Das Olivenöl in einem Topf erhitzen und das Gemüse darin bei mittlerer Hitze andünsten.
Inzwischen den Schweinebauch feinwürfeln und dann zum Gemüse geben. Die Mischung schwach salzen und mit frisch gemahlenem Pfeffer würzen.
Den rohen Schinken feinwürfeln und zugeben. Den Rotwein angießen und verdunsten lassen.
Die Steinpilze aus dem Wasser heben, grob hacken und in den Topf geben. Das Pilzwasser durch ein feines Sieb zugießen. Das Lorbeerblatt einlegen und die Mischung 10 Minuten bei schwacher Hitze köcheln lassen.
Die Schlagsahne einrühren und die Sauce weitere 10 Minuten sanft einkochen lassen.
Inzwischen die Nudeln kochen, und ehe sie angerichtet werden, das Lorbeerblatt aus der Sauce entfernen.

Nährwerte pro Portion	
Kilokalorien	616
Kilojoule	2580
Eiweiß/g	17
Kohlenhydrate/g	58
Fett/g	32
Ballaststoffe/g	6,2

Crema di funghi

braucht Zeit
4 Portionen

50 g getrocknete Pilze
2 Knoblauchzehen
2 EL Öl
1 EL Butter
1 Zweig Rosmarin
Salz
frisch gemahlener weißer Pfeffer
250 g Schlagsahne

Die Pilze in einer kleinen Schale mit lauwarmem Wasser bedecken und mindestens 30 Minuten quellen lassen.
Die Knoblauchzehen abziehen und halbieren. In einem Topf Öl, Butter und Knoblauchzehen sanft erhitzen. Den Knoblauch mehrmals wenden und leicht drücken, dann aus dem Fett entfernen.
Die Pilze aus dem Wasser heben, grob zerteilen und in dem Knoblauchfett bei mittlerer Hitze dünsten. Einen kleinen Zweig frischen Rosmarin einlegen. Schwach mit Salz und Pfeffer würzen.
Das Pilzwasser durch ein feines Haarsieb abgießen und zu den Pilzen geben – nicht mehr als höchstens ein Achtelliter!
Die Sahne zugießen und cremig einkochen lassen. Die Sauce mit Salz und Pfeffer abschmecken und den Rosmarinzweig entfernen.

Diese Pilzcreme paßt besonders gut zu breiten Bandnudeln oder Ravioli.

Nährwerte pro Portion	
Kilokalorien	310
Kilojoule	1290
Eiweiß/g	4
Kohlenhydrate/g	5
Fett/g	29
Ballaststoffe/g	4,8

Peperonata

Peperonata soll musig sein. Sie schmeckt warm und kalt zu Nudeln, Reis, Fleisch oder Fisch, ist aber auch eine vorzügliche Würzzutat für Suppen, Eintöpfe und Schmorgerichte. Fest verschlossen hält sie sich etwa 1 Woche. Sie können sie aber auch einfrieren – bereiten Sie also gleich eine größere Menge zu.

einfach, zum Einfrieren
4 Portionen

250 g Zwiebeln
2 Knoblauchzehen
2 rote Chilischoten
1 kg feste rote Paprikaschoten
500 g sehr reife Fleischtomaten
3 Lorbeerblätter
6 EL Olivenöl
Salz
frisch gemahlener schwarzer Pfeffer
2 EL Tomatenmark

Die Zwiebeln abziehen und würfeln, den Knoblauch durch die Presse drücken. Chilischoten putzen, aufschlitzen und die kleinen Kerne sorgfältig entfernen, die Schoten kleinwürfeln. Paprikaschoten putzen, waschen und in gleichmäßige Stücke schneiden. Die Tomaten brühen, häuten, entkernen und grob hacken.

Das Öl erhitzen, Zwiebeln, Knoblauch, Chili und die Lorbeerblätter darin unter Rühren anschwitzen.

Paprika einrühren, salzen und pfeffern und etwa 5 Minuten unter Wenden braten.

Die Tomaten zugeben und das Tomatenmark einrühren, zugedeckt bei milder Hitze etwa 30 Minuten schmoren. Pikant abschmecken.

Kurz vor Ende der Garzeit können Kräuter wie Thymian, Oregano oder Basilikum zugegeben werden.

Nährwerte pro Portion	
Kilokalorien	210
Kilojoule	900
Eiweiß/g	6
Kohlenhydrate/g	18
Fett/g	13
Ballaststoffe/g	10

**TRADITIONELLE
ITALIENISCHE NUDELSAUCEN**

Laganon nannten die alten Griechen ihre Teigwaren, die sie mit nach Süditalien und ins antike Rom brachten. Und noch heute heißen die Tagliatelle im südlichen Teil Italiens »laganelle«.

Alla emiliana

zu Tagliatelle

einfach

4 Portionen

| 1 kleine Zwiebel |
| 40 g Butter |
| 250 g Schlagsahne |
| 1 dicke Scheibe gekochter Schinken, 100 g |
| 200 g TK-Erbsen (oder frische in der Saison) |
| 1 Prise Zucker |
| Salz |
| frisch gemahlener weißer Pfeffer |
| 50 g frisch geriebener Parmesankäse |

Pasta: 300 g Tagliatelle

Die Zwiebel abziehen und feinhacken. Die Butter in einer weiten Pfanne zerlassen und die Zwiebel bei mittlerer Hitze darin glasig dünsten. Die Sahne zugießen und etwas einkochen lassen.

Den Schinken feinwürfeln und in die Sauce rühren, dann die Erbsen zugeben und alles mit Zucker, Salz und Pfeffer abschmecken. Die Sauce bei schwacher Hitze ziehen lassen und inzwischen die Nudeln kochen.

Erst wenn die Nudeln fertig sind, den Parmesan in die Sauce einrühren und dann sofort die abgetropften Nudeln mit der Sauce vermischen.

Das Gericht auf vorgewärmten Tellern servieren.

Nährwerte pro Portion	
Kilokalorien	710
Kilojoule	2960
Eiweiß/g	24
Kohlenhydrate/g	65
Fett/g	35
Ballaststoffe/g	5,5

Pesto

Den einzig wahren Pesto gibt es nicht, denn in Ligurien hat jede Küche mit Tradition ihr Hausrezept. Ursprünglich stampfte man nur Petersilie mit Salz, Knoblauch und Öl im Mörser. Dann kamen Nüsse, meist Pinienkerne, und/oder Parmesankäse dazu. Heute verwendet man meist Basilikum statt Petersilie oder mischt beide Kräuter.

zum Einfrieren
4 Portionen

| 1 großes Bund Basilikum |
| 3 Knoblauchzehen |
| 1 Messerspitze Salz |
| 100 ml Olivenöl |
| 30 g Pinienkerne |
| 50 g frisch geriebener Parmesankäse |

Pasta: 350 g grüne Tagliatelle

Die Basilikumblätter möglichst nicht waschen, sondern nur abwischen und von den Stengeln zupfen. Die Knoblauchzehen abziehen und grob hacken.

Die Basilikumblätter fein zerzupfen und in einen Mörser geben, dazu den Knoblauch, Salz und wenige Tropfen Öl. Die Mischung stampfen und dabei immer wieder etwas Öl zugeben (oder alle Zutaten im Mixer pürieren).

Die Pinienkerne in einer heißen, trockenen Pfanne rundherum goldgelb rösten.

Dann mit dem Basilikumpüree und dem restlichen Öl stampfen.

Inzwischen die Nudeln kochen.

Zuletzt den Parmesankäse in den Pesto rühren und die Mischung mit einigen Eßlöffeln heißem Nudelwasser auf die gewünschte musige Konsistenz bringen. Mit Salz abschmecken. Die abgetropften Nudeln in einer vorgewärmten Schüssel mit dem Pesto vermischen.

Nährwerte pro Portion	
Kilokalorien	650
Kilojoule	2710
Eiweiß/g	16
Kohlenhydrate/g	64
Fett/g	33
Ballaststoffe/g	3

NUDELSALATE

Wer wagt zu bezweifeln, daß die Nudel ein Geschenk der Götter ist? Kein Geringerer als der Gott Vulcanus soll eine formlose Masse aus Hartweizengrieß und Wasser in anmutige Pastafäden verwandelt haben. Nachdem die Speise die Herzen und Gaumen der Götter erobert hatte, verriet Ceres, die Göttin der Erdfrüchte, das Geheimnis den Neapolitanern, für die sie eine besondere Vorliebe hegte.

Grüner Nudelsalat

Salat 1 Stunde ziehen lassen
einfach
4 Portionen

300 g grüne Nudeln
Salz
4 Tomaten
1 Zucchino
3 Frühlingszwiebeln
200 g Thunfisch in Öl
150 g Joghurt
2 EL saure Sahne
2 EL Weißweinessig
1 EL Öl
frisch gemahlener Pfeffer
2 harte Eier
1 Bund glatte Petersilie

Die Nudeln in kochendem Salzwasser nach Packungsanleitung bißfest garen. In einen Durchschlag abschütten, mit kaltem Wasser abschrecken und abtropfen lassen.

Die Tomaten überbrühen, die Haut abziehen. Tomaten vierteln, die Kerne entfernen. Den Zucchino waschen, Stiel- und Blütenansatz entfernen. Tomaten und Zucchino in kleine Würfel schneiden.

Die Frühlingszwiebeln putzen, waschen und in feine Röllchen schneiden.

Den Thunfisch in einem Sieb abtropfen lassen und mit der Gabel zerpflücken.

Alle Zutaten in einer Salatschüssel gut vermischen.

Für die Marinade das Joghurt, saure Sahne, Essig, Salz, Pfeffer und Öl verrühren. Über den Salat gießen und unterziehen. Den Salat zugedeckt im Kühlschrank mindestens 1 Stunde ziehen lassen.

Die harten Eier achteln und als Garnierung auf den Salat legen. Die Petersilie waschen, trockenschütteln, feinhacken und über den Salat streuen.

Nährwerte pro Portion
Kilokalorien 550
Kilojoule 2290
Eiweiß/g 24
Kohlenhydrate/g 58
Fett/g 21
Ballaststoffe/g 4,1

Fusilli mit Auberginen

1 Stunde ziehen lassen
einfach
4 Portionen

2 Auberginen
Salz
2 große Zwiebeln
3 Knoblauchzehen
6 EL Olivenöl
frisch gemahlener Pfeffer
350 g Fusilli
1 Bund glatte Petersilie
Saft von 1 Zitrone

Die Auberginen waschen, Blüten- und Stielansatz entfernen. Auberginen in ca. 2 cm dicke Scheiben, anschließend in Würfel schneiden. Kräftig mit Salz bestreuen und in einem Durchschlag 15 Minuten Wasser ziehen lassen, dabei von Zeit zu Zeit wenden. Die Auberginen mit Küchenpapier trockentupfen.

Die Zwiebeln und die Knoblauchzehen abziehen und grob hacken. Das Olivenöl in einer tiefen Pfanne erhitzen. Auberginen und Zwiebel unter Rühren 5 Minuten anbraten. Dann den Knoblauch, Salz und Pfeffer zufügen und alles bei kleiner Hitze ca. 15 Minuten schmoren.

In der Zwischenzeit die Nudeln in kochendem Salzwasser 15 Minuten garen. Abgießen, mit kaltem Wasser abschrecken und abtropfen lassen.

Die Petersilie waschen, trockenschütteln und fein hacken. Nudeln, Auberginen, Petersilie und den Zitronensaft gut vermischen. Zugedeckt im Kühlschrank 1 Stunde ziehen lassen.

Nährwerte pro Portion
Kilokalorien 520
Kilojoule 2190
Eiweiß/g 11
Kohlenhydrate/g 68
Fett/g 20
Ballaststoffe/g 5,5

Bunter Nudelsalat

einfach
4 Portionen

300 g bunte Nudeln
Salz
150 g Frühstücksspeck
1 Zwiebel
1 Knoblauchzehe
1 rote Paprikaschote
4 kleine Tomaten
1 EL Butter
150 g TK-Erbsen
3 EL Rotweinessig
frisch gemahlener Pfeffer
1 Prise Zucker
6 EL Sonnenblumenöl
1 Bund Schnittlauch

Die Nudeln in kochendem Salzwasser 10 bis 15 Minuten bißfest garen. In einen Durchschlag abschütten, kurz mit kaltem Wasser abschrecken und abtropfen lassen.

Den Frühstücksspeck in schmale Streifen schneiden.

Die Zwiebel und die Knoblauchzehe abziehen und feinhacken. Die Paprikaschote putzen, das Kerngehäuse entfernen. Die Tomaten überbrühen, enthäuten, halbieren und die Kerne entfernen. Paprika und Tomaten in kleine Würfel schneiden.

Die Butter in einer Pfanne zerlassen und den Frühstücksspeck darin auslassen.

Zwiebel, Knoblauch und die Erbsen dazugeben und einige Minuten dünsten. Vom Herd nehmen und abkühlen lassen.

Nudeln und die übrigen Zutaten in eine Schüssel geben. Für die Marinade den Essig, Pfeffer, Salz, Zucker und Öl verrühren und über den Salat gießen. Alles gut mischen.

Den Schnittlauch waschen, trockentupfen und in feine Röllchen schneiden.

Als Garnierung über den Salat streuen.

Nährwerte pro Portion	
Kilokalorien	780
Kilojoule	3270
Eiweiß/g	17
Kohlenhydrate/g	63
Fett/g	48
Ballaststoffe/g	6,5

NUDELSALATE

Rigatonisalat mit Lachs und Spargel

einfach
8 Portionen

400 g Rigatoni oder andere kurze Teigwaren
Salz
9 EL Öl
250 g frischer Spargel
200 g Räucherlachs in Scheiben
Saft von 1 Zitrone
frisch gemahlener weißer Pfeffer
30 g Pistazienkerne

Die Rigatoni in sprudelndem Salzwasser unter Zugabe von 1 Eßlöffel Öl bißfest kochen, abgießen; mit kaltem Wasser abschrecken und gut abtropfen lassen. Die Nudeln in einer weiten Salatschüssel mit 2 Eßlöffeln Öl vermischen und auskühlen lassen.

Inzwischen den Spargel putzen, schälen und in etwas Salzwasser nicht zu weich garen. Dann abtropfen lassen und in mundgerechte Stücke teilen.

Die Lachsstreifen in mundgerechte Streifen schneiden und mit den Spargelstücken unter die Nudeln mischen.

Den Zitronensaft mit Salz und Pfeffer verrühren, mit dem restlichen Öl zu einer sämigen Marinade schlagen und mit dem Salat vermischen. Die grob gehackten Pistazien darüberstreuen.

Den Rigatonisalat zugedeckt im Kühlschrank 30 Minuten ziehen lassen.

Nährwerte pro Portion	
Kilokalorien	390
Kilojoule	1650
Eiweiß/g	14
Kohlenhydrate/g	36
Fett/g	19
Ballaststoffe/g	2

Nudelsalat »mit allem drin«

einfach
8 Portionen

200 g Champignonköpfe aus der Dose	
2 EL Kapern	
4 große Gewürzgurken	
16 entsteinte grüne Oliven	
150 g gekochter Schinken am Stück	
200 g mittelalter Gouda am Stück	
Salz	
400 g Muschelnudeln oder andere kurze Teigwaren	
11 EL Öl	
2 hartgekochte Eier	
Pfeffer	
3 EL Weißweinessig	

Die Pilze, Kapern, Gurken und Oliven abtropfen lassen. Die Pilze in Scheiben schneiden, alle anderen Zutaten grob hakken.

Den Schinken und den Käse in gleichmäßige Würfel schneiden.

Die Nudeln in reichlich Salzwasser mit 1 Eßlöffel Öl bißfest kochen, abgießen, kalt abschrecken und gut abtropfen lassen. In einer weiten Schüssel mit 2 Eßlöffeln Öl vermischen und auskühlen lassen.

Die hartgekochten Eier schälen und das Eigelb auslösen. Eigelb, Salz, Pfeffer und Essig verrühren und mit dem restlichen Öl zu einer geschmeidigen Sauce schlagen.

Alle kleingeschnittenen Salatzutaten mit der Sauce vermischen und unter die Nudeln mengen. Das Eiweiß in feine Streifen schneiden und den Salat damit dekorieren. Die Schüssel zugedeckt in den Kühlschrank stellen und den Salat 30 Minuten ziehen lassen.

Nährwerte pro Portion	
Kilokalorien	490
Kilojoule	2050
Eiweiß/g	18
Kohlenhydrate/g	37
Fett/g	27
Ballaststoffe/g	2,3

NUDELSALATE

Nudelsalat, chinesische Art

einfach
4 Portionen

| 10 g getrocknete chinesische Pilze |
| 250 g Spiralnudeln |
| Salz |
| 100 g TK-Erbsen |
| 3 Frühlingszwiebeln |
| 200 g Palmenherzen (Dose) |
| 250 g Sojasprossen |
| 250 g rohes Lachsfilet |
| 4 EL Sojasauce |
| Saft von 1 Zitrone |
| 1 Messerspitze Chilipulver |
| frisch gemahlener weißer Pfeffer |
| 2 EL Sesamöl |

Die getrockneten Pilze nach Packungsbeschreibung einweichen und quellen lassen. Anschließend in ein Sieb abgießen, abtropfen und kleinschneiden.

Die Nudeln in reichlich Salzwasser 8 bis 11 Minuten garen. Dann die tiefgekühlten Erbsen dazugeben und 3 Minuten mitgaren. Abschütten, kurz mit kaltem Wasser abschrecken und gut abtropfen lassen.

Die Frühlingszwiebeln putzen, waschen und trockentupfen. Frühlingszwiebeln und die Palmenherzen in feine Ringe schneiden.

Nudeln, Erbsen, Pilze, Frühlingszwiebeln, Palmenherzen und die Sojasprossen in eine Schüssel geben und vermischen.

Das Lachsfilet in feine Streifen schneiden und unter die übrigen Zutaten mengen.

Für die Marinade die Sojasauce, Zitronensaft, Chilipulver, Salz, Pfeffer und Öl verrühren, über den Salat gießen und vorsichtig durchmischen. Sofort servieren.

Nährwerte pro Portion	
Kilokalorien	530
Kilojoule	2220
Eiweiß/g	27
Kohlenhydrate/g	57
Fett/g	18
Ballaststoffe/g	5,8

Deftiger Nudelsalat mit Salami

einfach
4 Portionen

| 300 g Muschelnudeln |
| Salz |
| Öl |
| 200 g Salami |
| 150 g Gouda |
| 100 g eingelegte Tomatenpaprika |
| 3 Schalotten |
| 3 Cornichons |
| *Marinade:* |
| 3 EL Weinessig |
| 6 EL Traubenkernöl |
| Salz |
| frisch gemahlener weißer Pfeffer |
| 1 EL gehackte Kapern |
| *Zum Garnieren:* |
| 1 Bund Schnittlauch |
| ½ Bund glatte Petersilie |

Die Muschelnudeln nach Grundrezept kochen. Kurz unter kaltem Wasser abschrecken, abtropfen und abkühlen lassen.

Die Salami, den Käse und den Tomatenpaprika in dünne Streifen schneiden.

Die Schalotten abziehen. Zusammen mit den Cornichons feinhacken. Alle Zutaten mit den kalten Nudeln in einer Schüssel vermischen.

Für die Marinade den Weinessig, das Traubenkernöl, Salz, Pfeffer und die Kapern vermischen. Die Marinade über den Salat gießen und gut vermengen. Zugedeckt im Kühlschrank mindestens 1 Stunde durchziehen lassen.

Den Schnittlauch und die Petersilie waschen, trockenschütteln und feinhacken.

Vor dem Servieren über den Nudelsalat streuen.

Nährwerte pro Portion	
Kilokalorien	800
Kilojoule	3340
Eiweiß/g	34
Kohlenhydrate/g	55
Fett/g	44
Ballaststoffe/g	2,8

Mexikanischer Nudelsalat

einfach, Blitzrezept
8 Portionen

400 g Muschelnudeln oder andere kurze Teigwaren
Salz
9 EL Olivenöl
400 g TK-Mexikanische Gemüsemischung (Erbsen, Möhren, Mais)
2 eingelegte Tomatenpaprika
1 Bund Petersilie
Saft von 1 Zitrone
Pfeffer
1 Messerspitze Chilipulver
2 EL mittelscharfer Senf

Die Nudeln in reichlich Salzwasser mit 1 Eßlöffel Öl bißfest kochen, abgießen, kalt abschrecken und gut abtropfen lassen. In einer weiten Salatschüssel mit 2 Eßlöffeln Öl vermischen und auskühlen lassen.

Die gefrorene Gemüsemischung in wenig Salzwasser bißfest garen, abgießen, kalt abschrecken und gut abtropfen lassen. Das ausgekühlte Gemüse mit den Nudeln vermischen.

Den Tomatenpaprika abtropfen lassen und in feine Streifen schneiden. Die Petersilie waschen, trockenschütteln und die Blätter grob hacken.

Für die Marinade den Zitronensaft mit Salz, Pfeffer, Chilipulver und Senf verrühren und das restliche Olivenöl unterschlagen.

Den Nudelsalat mit der Marinade vermischen, Tomatenpaprika unterheben und die Petersilie darüberstreuen. Den Salat mit Folie bedeckt im Kühlschrank 30 Minuten durchziehen lassen.

Nährwerte pro Portion	
Kilokalorien	350
Kilojoule	1450
Eiweiß/g	8
Kohlenhydrate/g	44
Fett/g	14
Ballaststoffe/g	4,5

NUDELSALATE

Manch einer kann sich ein Leben ohne Pasta nicht vorstellen. Und ein Leben danach auch nicht. Einen etruskischen Grabstein aus dem 3. Jahrhundert v. Chr. zieren Teigrolle, Nudelbrett und Pastamesser. Denn auch im Jenseits möchte man auf kulinarische Annehmlichkeiten nicht verzichten.

Muschelduett

einfach
4 Portionen

250 g Muschelnudeln
Salz
1 EL Öl
300 g Miesmuscheln in pikanter Sauce (Konserve)
2 Schalotten
10 Cornichons
Für die Sauce:
150 g Schlagsahne
100 g saure Sahne
2 EL Estragonessig
1 TL Curry
Tabasco
Salz
frisch gemahlener weißer Pfeffer
½ Bund Dill

Die Muschelnudeln nach Grundrezept kochen, unter kaltem Wasser abschrecken und mit dem Öl vermischen. Abtropfen und auskühlen lassen.

Die Muscheln abtropfen lassen. Die Schalotten abziehen und mit den Cornichons feinhacken. Alles mit den kalten Nudeln in einer Salatschüssel vermengen.

Für die Sauce die Schlagsahne, die saure Sahne, den Essig und die Gewürze gut vermischen. Den Dill waschen, trockenschütteln und feinhacken. Zusammen mit der Sauce über den Salat geben, gut vermischen und noch 30 Minuten durchziehen lassen.

Nährwerte pro Portion	
Kilokalorien	590
Kilojoule	2460
Eiweiß/g	15
Kohlenhydrate/g	49
Fett/g	33
Ballaststoffe/g	2,1

Partysalat

einfach
6 Portionen

250 g bunte Spiralnudeln
Salz
Öl
300 g Fleischwurst
350 g mittelalter Gouda
2 rote Zwiebeln
1 Fenchelknolle
1 grüne Paprika
1 große Möhre
4 feste Tomaten
200 g Essiggurken
2 hartgekochte Eier
150 g Maiskörner (aus der Dose)
50 g schwarze Oliven
3 TL Kapern
Marinade:
6 EL Essig
2 EL mittelscharfer Senf
Salz
frisch gemahlener weißer Pfeffer
8 EL Öl
etwas Gartenkresse zum Garnieren

Die Nudeln nach Grundrezept kochen und kalt spülen.

Die Wurst in Scheiben, den Käse in Würfel schneiden. Das Gemüse waschen, putzen und in kleine Stücke zerteilen.

Alle Zutaten miteinander mischen und in eine große Schüssel füllen.

Die Marinade anrühren und darübergießen, 1 Stunde durchziehen lassen.

Zum Servieren mit etwas Kresse überstreuen.

Nahrwerte pro Portion	
Kilokalorien	760
Kilojoule	3200
Eiweiß/g	32
Kohlenhydrate/g	40
Fett/g	49
Ballaststoffe/g	5,1

NUDELSUPPEN

Pasta e fagioli

einfach, Blitzrezept
4 Portionen

½ kleine Sellerieknolle	
1 Möhre	
1 Zwiebel	
1 Knoblauchzehe	
1 kleine Dose rote Bohnen, 400 g	
150 g geräucherter Schweinebauch	
3 EL Olivenöl	
⅛ l Weißwein	
¼ l Fleischbrühe	
Salz	
1 Messerspitze Cayennepfeffer	
350 g Bucatini	
75 g geriebener Pecorino	

Die Sellerieknolle und die Möhre schälen, beides in kleine Würfel schneiden. Die Zwiebel und die Knoblauchzehe abziehen und hacken. Die Bohnen in ein Sieb gießen und abtropfen lassen. Den Schweinebauch feinwürfeln.

Das Olivenöl in einer tiefen Pfanne erhitzen und den Schweinebauch darin rundherum anbraten. Sellerie, Möhre, Zwiebel und Knoblauch zugeben und unter Rühren 5 Minuten dünsten.

Den Weißwein angießen, einmal aufkochen lassen und die Brühe zugießen. Die Bohnen zugeben und mit Salz und Cayennepfeffer würzen. Zugedeckt bei kleiner Hitze 10 Minuten köcheln lassen.

Die Bucatini in Stücke brechen und in kochendem Salzwasser ca. 9 Minuten garen. Abschütten und kurz abtropfen lassen.

Nudeln zu dem Gemüse in die Pfanne geben. Den Käse darüberstreuen und alles gut vermischen. In einer vorgewärmten Schüssel servieren.

Nährwerte pro Portion	
Kilokalorien	577
Kilojoule	2419
Eiweiß/g	31
Kohlenhydrate/g	58
Fett/g	20
Ballaststoffe/g	12

Minestrone

Bohnen über Nacht einweichen

einfach, zum Einfrieren
4 Portionen

180 g weiße Bohnenkerne
Salz
250 g Kartoffeln
250 g Möhren
1 Zucchino
2 Stangen Staudensellerie
1 Knoblauchzehe
200 g Frühstücksspeck
1,5 l Fleischbrühe
1 EL Tomatenmark, 3fach konzentriert
frisch gemahlener Pfeffer
1 Stange Lauch
100 g Muschelnudeln
100 g feine TK-Erbsen

Die weißen Bohnen über Nacht in kaltem Wasser quellen lassen. Am nächsten Tag abgießen und in Salzwasser circa 50 Minuten köcheln

lassen, bis sie gar sind. In einen Durchschlag abgießen und abtropfen lassen.

Die Kartoffeln und Möhren waschen und schälen. Den Zucchino putzen und waschen. Kartoffeln in Würfel, Möhren und Zucchino in Scheiben schneiden. Die Staudensellerie abziehen, waschen und fein schneiden. Die Knoblauchzehe abziehen und hacken. Den Frühstücksspeck klein würfeln.

In einem Suppentopf den Frühstücksspeck bei mittlerer Hitze auslassen. Gemüse, Kartoffeln und Knoblauch zugeben und unter Rühren einige Minuten schmoren. Dann die Fleischbrühe angießen. Das Tomatenmark unterrühren und die Suppe mit Salz und Pfeffer würzen. Bei mittlerer Hitze zugedeckt 20 Minuten köcheln lassen.

Den Lauch putzen, gründlich waschen und in dicke Scheiben schneiden. Lauch und die Nudeln zur Suppe geben und weitere 8 bis 10 Minuten kochen. Anschließend die weißen Bohnen und die Erbsen untermischen, die Suppe noch einmal kurz aufkochen und servieren.

Dazu schmeckt italienisches Weißbrot und frisch geriebener Parmesan.

Nährwerte pro Portion	
Kilokalorien	680
Kilojoule	2840
Eiweiß/g	24
Kohlenhydrate/g	59
Fett/g	35
Ballaststoffe/g	17,4

NUDELSUPPEN

Eine Ruhmeshalle für die Nudel: In Pontedassio widmet sich ein ganzes Museum den Nudeln im allgemeinen und den Spaghetti im besonderen. Wen wundert's? Verspeisen doch die Italiener pro Kopf und Tag im Durchschnitt 100 Gramm Pasta. Die Deutschen gerade mal magere 17 Gramm.

Nudelsuppe mit Markscheiben

einfach, braucht Zeit
4 Portionen

1 Zwiebel
3 Nelken
2 Suppengrün
1 kg Rindfleisch zum Kochen
3 Suppenknochen
2 Lorbeerblätter
5 schwarze Pfefferkörner
Salz
250 g Suppennudeln
3 Markknochen
2 cl trockener Sherry
1 Bund Schnittlauch

Die Zwiebel abziehen und mit den Nelken spicken. Das Suppengrün gründlich waschen. Das Rindfleisch und die Suppenknochen unter fließendem Wasser abspülen.

In einem Suppentopf 2 Liter kaltes Wasser mit den Lorbeerblättern, Pfefferkörnern, 1 Teelöffel Salz, Zwiebel, Rindfleisch und Suppenknochen aufsetzen. Zum Kochen bringen und zugedeckt bei kleiner Hitze circa 2 Stunden köcheln lassen.

Inzwischen die Suppennudeln in kochendem Salzwasser 5 bis 7 Minuten bißfest garen, in einen Durchschlag abschütten und mit heißem Wasser durchspülen. Abtropfen lassen.

Die Fleischbrühe durch ein Spitzsieb in einen anderen Topf umgießen und weiter köcheln.

Die Markknochen auf ein Backblech legen. In den auf 220 °C vorgeheizten Backofen stellen, bis das Mark an den Rändern zu schmelzen beginnt. Aus dem Ofen nehmen und das Mark mit dem Daumen herausdrücken und in circa 0,5 cm breite Scheiben schneiden.

Nudeln und Markscheiben in der Suppe noch einmal erwärmen, nicht mehr kochen. Die Suppe mit Sherry, Salz und Pfeffer abschmecken.

Den Schnittlauch waschen, trockentupfen und in feine Röllchen schneiden. Über die heiße Suppe streuen.

Nährwerte pro Portion	
Kilokalorien	270
Kilojoule	1120
Eiweiß/g	11
Kohlenhydrate/g	46
Fett/g	2
Ballaststoffe/g	2

Nudeleintopf mit Huhn

einfach, braucht Zeit
4 Portionen

1 Suppenhuhn
2 Bund Suppengrün
2 Zwiebeln
4 Gewürznelken
Salz
1 Lorbeerblatt
5 Pfefferkörner
1 grüne Paprikaschote
1 Stange Lauch
250 g grüne Tagliatelle
1 EL Butterschmalz
frisch gemahlener Pfeffer
2–3 Spritzer Tabasco
1 Bund Schnittlauch

Das Suppenhuhn innen und außen waschen. Das Suppengrün gründlich waschen. 1 Zwiebel abziehen und mit den Gewürznelken spicken.

In einem Suppentopf das Huhn mit 2 Liter kaltem Wasser, 1 Teelöffel Salz, Suppengrün, der gespickten Zwiebel, Lorbeerblatt und Pfefferkörnern aufsetzen und zum Kochen bringen.

Zugedeckt bei kleiner Hitze ca. 1½ Stunden garen.

Das Huhn herausheben und abkühlen lassen. Die Brühe durch ein Spitzsieb in einen anderen Topf umgießen.

Die Paprikaschote waschen, halbieren und das Kerngehäuse entfernen. Den Lauch putzen und gründlich waschen. Paprika in schmale Streifen, Lauch in dünne Scheiben schneiden.

Das Suppenhuhn enthäuten, von den Knochen lösen und in mundgerechte Stücke schneiden. Die zweite Zwiebel abziehen und in feine Ringe hobeln.

In kochendem Salzwasser die Tagliatelle 5 bis 7 Minuten bißfest garen. Abschütten und kurz abtropfen lassen.

Das Butterschmalz in einer tiefen Pfanne erhitzen. Paprika, Lauch und Zwiebel darin unter Rühren 5 Minuten dünsten.

Gemüse, Nudeln und Huhn in die Suppe geben und darin nochmals erwärmen. Mit Salz, Pfeffer und Tabasco würzen.

Den Schnittlauch waschen, trockentupfen und in feine Röllchen schneiden. Vor dem Anrichten über die Suppe streuen.

Nährwerte pro Portion	
Kilokalorien	780
Kilojoule	3270
Eiweiß/g	42
Kohlenhydrate/g	47
Fett/g	41
Ballaststoffe/g	3,7

Gaisburger Marsch

einfach, braucht Zeit
4 Portionen

3 Zwiebeln
3 Nelken
2 Suppengrün
1 kg Rindfleisch
2 Suppenknochen
2 Lorbeerblätter
5 schwarze Pfefferkörner
Salz
250 g festkochende Kartoffeln
2 Möhren
1 Stange Lauch
250 g Spätzle (Fertigprodukt)
1 Messerspitze geriebene Muskatnuß
2 EL Butter
1 Bund glatte Petersilie

Eine Zwiebel abziehen und mit den Nelken spikken. Das Suppengrün gründlich waschen. Das Rindfleisch und die Suppenknochen unter fließendem Wasser abspülen.

In einem Suppentopf 2 Liter kaltes Wasser mit den Lorbeerblättern, Pfefferkörnern, 1 Teelöffel Salz, Zwiebel, Rindfleisch und Suppenknochen aufsetzen. Zum Kochen bringen und zugedeckt bei kleiner Hitze circa 1½ Stunden köcheln.

In der Zwischenzeit die Kartoffeln schälen, waschen und in kleine Würfel schneiden. Die Möhren schälen und in dünne Scheiben hobeln. Den Lauch putzen, gründlich waschen und in 1 cm dicke Ringe schneiden.

Das Fleisch aus der Suppe heben, die Brühe durch ein Spitzsieb in einen anderen Topf gießen und wieder zum Kochen bringen. Kartoffeln hineingeben und 10 Minuten in der Brühe garen. Dann die Möhren, den Lauch und die Spätzle untermischen und weitere 10 Minuten köcheln lassen. Die Suppe mit Muskatnuß und Salz abschmecken.

Die restlichen 2 Zwiebeln abziehen und in dünne Scheiben schneiden. In einer tiefen Pfanne die Butter zerlassen und die Zwiebeln darin goldgelb braten.

Die Petersilie waschen, trockenschütteln und feinhacken. Vor dem Servieren die gebräunten Zwiebeln und die Petersilie über den Eintopf streuen.

Nährwerte pro Portion	
Kilokalorien	380
Kilojoule	1590
Eiweiß/g	11
Kohlenhydrate/g	60
Fett/g	8
Ballaststoffe/g	6

NUDELSUPPEN

Bohnensuppe mit Nudeln

Die Bohnen über Nacht einweichen

einfach, braucht Zeit
4 Portionen

250 g weiße Bohnen
1–2 EL Gemüsebrühepaste (Reformhaus)
2 Bund Frühlingszwiebeln
150 g Möhren
150 g Staudensellerie
150 g Vollkornhörnchen
Vollmeersalz
1 Bund glatte Petersilie
1–2 Knoblauchzehen
4 EL Olivenöl (extra vergine)
1 TL schwarzer Pfeffer (grob gemahlen)

Die Bohnen über Nacht in 2 Liter Wasser einweichen. Dann zugedeckt circa 1½ Stunden bei mäßiger Hitze garen, Gemüsebrühepaste in der Bohnenbrühe auflösen.

Die Frühlingszwiebeln putzen, waschen, in Scheiben schneiden. Möhren schälen, waschen, in Scheiben schneiden. Staudensellerie putzen und waschen, in Scheiben schneiden.

Die Nudeln in Salzwasser knapp garen, abtropfen lassen. Petersilienblätter von den Stielen zupfen.

Die Bohnen im Topf mit dem Schneidstab des Handrührers zwei- bis dreimal durcharbeiten, bis etwa ein Drittel der Bohnen püriert ist. Dann Möhren und Frühlingszwiebeln zugeben, zugedeckt 10 Minuten leise kochen lassen.

Nudeln, Petersilie und Staudensellerie zufügen, nur kurz erhitzen, der Sellerie soll fast roh bleiben.

Die Suppe mit Salz und abgezogenem, durchgepreßten Knoblauch würzen. Olivenöl unterrühren. Grob gemahlenen Pfeffer über die fertige Suppe streuen.

Nährwerte pro Portion	
Kilokalorien	462
Kilojoule	1962
Eiweiß/g	20
Kohlenhydrate/g	55
Fett/g	15
Ballaststoffe/g	19

Vietnamesische Glasnudelsuppe mit Huhn

einfach, braucht Zeit
4 Portionen

10 g getrocknete Morcheln
10 g getrocknete Tongku-Pilze, Mu-er oder andere chinesische Pilze
50 g Glasnudeln
1 kleines Huhn, ca. 800 g
Salz
1 TL Pfefferkörner
1 Bund Suppengrün
1 EL getrocknetes Zitronengras
2 EL Sojasauce
1 Bund Frühlingszwiebeln
einige frische Korianderzweige
1 Bund Schnittlauch

Beide Pilzsorten in warmem Wasser circa 30 Minuten quellen lassen. Danach Pilzstiele abschneiden. Morcheln aufschlitzen und den Sand auswaschen. Chinesische Pilze in mundgerechte Stücke schneiden.

Die Glasnudeln 10 Minuten in heißem Wasser grillen lassen, dann herausheben und in Stücke von circa 6 cm Länge schneiden (am besten mit der Schere).

Das Huhn waschen, häuten und mit 1 Liter Wasser und den Zutaten bis inklusive Zitronengras 30 Minuten kochen. Danach das Huhn zerlegen und das Fleisch in mundgerechte Streifen schneiden. Brühe abseihen.

Hühnerfleisch und Brühe wieder in den Kochtopf geben, abgetropfte Pilze, Glasnudeln und Sojasauce einrühren. Mit Salz abschmecken. Die Frühlingszwiebeln waschen, putzen, der Länge nach halbieren und in die Suppe geben. Alles weitere 10 Minuten köcheln lassen.

Die Kräuter waschen, trockenschleudern, die Korianderblättchen zupfen und den Schnittlauch feinschneiden. Die Suppe mit den Kräutern bestreuen und sehr heiß servieren.

Nährwerte pro Portion	
Kilokalorien	480
Kilojoule	2020
Eiweiß/g	31
Kohlenhydrate/g	15
Fett/g	29
Ballaststoffe/g	3

NUDELSUPPEN

Marco Polo brachte zwar nicht die ersten Nudeln aus China ins heimatliche Venedig, dafür aber die fernöstlichen Gewürze, die so manchem Pastagericht erst die unverwechselbare Geschmacksnote verleihen.

Wan-Tan-Suppe

einfach, braucht Zeit, zum Einfrieren
4 Portionen

Für die Suppe:
750 g	Suppenfleisch mit Knochen
1	Zwiebel
2	Nelken
1	Lorbeerblatt
1	Suppengrün
	Salz
5	schwarze Pfefferkörner
10 g	getrocknete chinesische Pilze
200 g	frischer Spinat
100 g	Sojabohnenkeime

Für die Wan-Tans:
30	Wan-Tan-Blätter, tiefgekühlt
100 g	Shrimps
100 g	Tatar
2 EL	chinesische süß-saure Sauce
1 EL	Sherry
1 EL	Sojasauce
	Salz
	frisch gemahlener Pfeffer
2	Frühlingszwiebeln
1 TL	Sesamöl
1	Ei

Das Suppenfleisch und die Knochen in einen Topf geben und 2 Liter kaltes Wasser angießen.
Die Zwiebel abziehen, über Kreuz einschneiden und mit den Nelken spicken. Zwiebel, Lorbeerblatt, das Suppengrün, Salz und die Pfefferkörner mit in den Topf geben. Zugedeckt bei kleiner Hitze 3 Stunden köcheln.

Die Pilze in warmem Wasser einweichen.

In der Zwischenzeit die Wan-Tans zubereiten. Dazu 30 tiefgekühlte Teigblätter auftauen lassen.

Die Shrimps feinhacken.

Das Tatar mit den Shrimps, der süß-sauren Sauce, dem Sherry und der Sojasauce gut verrühren. Mit Salz und Pfeffer abschmecken.

Die Frühlingszwiebeln waschen, putzen und das Weiße sehr fein hacken. Unter Tatar und Shrimps mischen und circa 30 Minuten durchziehen lassen. Dann das Sesamöl darüberträufeln.

Das Ei trennen. Eigelb unter die Fleischmasse mischen.

Die Wan-Tans füllen. In die Mitte jedes Teigblatts 1 gehäuften Teelöffel Füllung geben. Das Teigblatt über der Fülle diagonal zusammenklappen. Dann die beiden seitlichen Ecken übereinanderfalten, eine Ecke mit etwas Eiweiß bestreichen und die Enden fest zusammendrücken. Die Spitze des Dreiecks so umbiegen, daß die gefüllte Teigtasche wie ein Hütchen aussieht.

Die Wan-Tans portionsweise in kochendem Salzwasser ca. 3 Minuten kochen, bis sie oben schwimmen. Dabei mehrmals vorsichtig umrühren, damit sie nicht aneinanderkleben. Die fertigen Wan-Tans mit dem Schaumlöffel herausheben und beiseite stellen.

Fleisch und Knochen aus der fertigen Brühe heben. Die Suppe durch ein Spitzsieb in einen anderen Topf umgießen und entfetten.

Den Spinat verlesen, waschen und abtropfen lassen.

Die Pilze spülen, verlesen und ebenso wie den Spinat grob hacken.

Die Suppe noch einmal zum Kochen bringen, Pilze, Spinat und Sojabohnenkeime circa 3 Minuten mitkochen. Die Suppe abschmecken, Wan-Tans hineingeben und sofort servieren.

Tip:
Wan-Tans in größerer Menge zubereiten und einfrieren.

Nährwerte pro Portion	
Kilokalorien	290
Kilojoule	1200
Eiweiß/g	20
Kohlenhydrate/g	28
Fett/g	8
Ballaststoffe/g	2,5

NUDELSUPPEN

Chinesische Nudelsuppe mit Huhn

einfach, zum Einfrieren
8 Portionen

1 Poularde
Salz
2 Bund Suppengrün
2 Knoblauchzehen
1 Zwiebel
1 Lorbeerblatt
1 Gewürznelke
10 g getrocknete Shiitake- oder Steinpilze
1 getrocknete Chilischote
1 TL Pfefferkörner
3 EL getrocknete, chinesische Pilze, Mu-er
2 EL Sojasauce
2 TL Currypulver
1 kleine rote Paprikaschote
500 g Brokkoli
2 Stangen Lauch
4 EL tiefgekühlte Erbsen
50 g Glasnudeln

Die Poularde waschen und das Fett aus der Bauchhöhle entfernen. Die Poularde in einem Topf mit Wasser bedecken und 1 Eßlöffel Salz zugeben. Das Wasser aufkochen.

Das Suppengrün waschen und mit den halbierten Knoblauchzehen in den Topf geben. Die Zwiebel mit Lorbeerblatt und Nelke spicken und zusammen mit den getrockneten Pilzen, der Chilischote und den Pfefferkörnern zugeben. Die Poularde in der Brühe 45 Minuten sanft köcheln lassen.

Die chinesischen Pilze in heißem Wasser quellen lassen. Dann abgießen, spülen und mundgerecht zerteilen.

Die gekochte Poularde aus der Brühe heben, etwas abkühlen lassen, die Haut entfernen, das Fleisch von der Karkasse lösen und mundgerecht würfeln. Die Brühe durch ein feines Sieb gießen. Den Suppentopf auswaschen und die Hühnerbrühe wieder aufsetzen. Mit Sojasauce und Currypulver würzen.

Die Paprikaschote waschen, halbieren, putzen und in Würfel schneiden. Brokkoli waschen, putzen und mundgerecht zerteilen.

Den Lauch putzen, gründlich waschen und in fingerdicke Scheiben schneiden.

Die Hühnerbrühe aufkochen, Pilze, Paprikaschote und Brokkoli einlegen und 5 Minuten köcheln lassen. Dann den Lauch zugeben. Die tiefgekühlten Erbsen einstreuen, das Hühnerfleisch zugeben und die Suppe weitere 5 Minuten köcheln lassen.

Die Glasnudeln über der Suppe mit einer Schere zerschneiden. Die Hitze abschalten und die Suppe im geschlossenen Topf noch etwas ziehen lassen. Vor dem Servieren noch einmal abschmecken.

Nährwerte pro Portion	
Kilokalorien	410
Kilojoule	1710
Eiweiß/g	34
Kohlenhydrate/g	9
Fett/g	23
Ballaststoffe/g	3,3

Chinesischer Nudeleintopf

Sieht lecker aus, sättigt und schmeckt besonders gut, weil ein Teil der Zutaten vorher angebraten wird.

einfach, Blitzrezept
4 Portionen

400 g Schweinefilet
1 ausgelöste Hühnerbrust
4 rohe Garnelenschwänze
8 Eßlöffel Öl
Salz
200 g Seeteufel
150 g chinesische Instant-Nudeln
2 Lauchstangen
1 Knoblauchzehe
1–2 rote Chilischoten
100 g frische Sojasprossen
3 EL Sojasauce
0,8 l Geflügelbrühe
2 EL Sesamsaat
4 TL Sesamöl

Das Schweinefilet der Länge nach halbieren, Hühnerbrüstchen nach Größe auch. Die Garnelenschwänze der Länge nach halbieren und den Darm entfernen.

In einer weiten Pfanne 4 EL Öl stark erhitzen und zunächst Schweinefleisch und Huhn rundherum 3 Minuten braten. Garnelen zugeben, alles schwach salzen und weitere 2 Minuten braten.

Inzwischen den Fisch in mundgerechte Würfel schneiden. Die chinesischen Nudeln nach Anweisung auf der Packung kurz aufkochen.

Fleisch, Huhn und Garnelen aus der Pfanne heben und weitere 4 Eßlöffel Öl hineingeben. Geputzten Lauch in Ringen, abgezogene Knoblauchzehe und entkernte Chilischote fein gehackt in Öl andünsten. Sojasprossen zugeben, ein paarmal wenden und die Sojasauce darüberträufeln.

Den Pfanneninhalt mit der Geflügelbrühe auffüllen, einmal aufkochen lassen und abschmecken.

Schweinefilet und Huhn in mundgerechte sehr dünne Scheiben schneiden und samt Garnelen, Seeteufel und vorgegarten Nudeln in die Brühe geben. Den Eintopf bei schwacher Hitze 2 Minuten ziehen lassen und dann in eine Servierschüssel umfüllen. Mit gerösteter Sesamsaat bestreuen und etwas Sesamöl darüberträufeln.

Nährwerte pro Portion	
Kilokalorien	940
Kilojoule	3950
Eiweiß/g	75
Kohlenhydrate/g	33
Fett/g	49
Ballaststoffe/g	5

NUDELN OHNE FISCH UND FLEISCH

Spaghetti aglio, olio, peperoncino

einfach, Blitzrezept
4 Portionen

| 4 Knoblauchzehen |
| 2 frische rote Chilischoten |
| 350 g Spaghetti |
| Salz |
| 4 EL Olivenöl |
| 100 g geriebener Parmesan |

Die Knoblauchzehen abziehen und feinhacken. Die Peperoncini halbieren, Kerngehäuse sorgfältig entfernen. Peperoncini hacken.
Die Spaghetti in kochendem Salzwasser 8 Minuten bißfest garen. Abschütten und kurz abtropfen lassen.
Das Olivenöl in einer tiefen Pfanne erhitzen. Knoblauch und Peperoncini darin kurz bei mittlerer Hitze dünsten. Spaghetti in die Pfanne geben und alles gut vermischen.

Auf 4 vorgewärmten Tellern anrichten und sofort servieren. Den Parmesan getrennt dazu reichen.

Nährwerte pro Portion	
Kilokalorien	520
Kilojoule	2200
Eiweiß/g	19
Kohlenhydrate/g	63
Fett/g	19
Ballaststoffe/g	2,8

Tagliatelle mit Pilzen und Walnüssen

einfach
4 Portionen

| 250 g Austernpilze |
| 1 Schalotte |
| 1 Knoblauchzehe |
| 1 Bund glatte Petersilie |
| 50 g Butter |
| ¼ l Brühe |
| 200 g Schlagsahne |
| Salz |
| frisch gemahlener Pfeffer |
| 300 g Tagliatelle |
| 100 g grob gehackte Walnußkerne |
| 1 EL Öl |
| 75 g geriebener Parmesan |

Die Austernpilze putzen, unter fließendem Wasser waschen und mit Küchenpapier trockentupfen. Pilze in circa 1 cm breite Streifen schneiden. Die Schalotte und die Knoblauchzehe abziehen und feinhacken. Die Petersilie waschen, trockenschleudern und die Blätter feinhacken.
In einer tiefen Pfanne die Butter zerlassen und die Butter unter Rühren so lange darin braten, bis alle Flüssigkeit verdampft ist. Dann Knoblauch, Schalotte und Petersilie zugeben und glasig dünsten. Mit der Brühe ablöschen, die Sahne unterrühren, mit Salz und Pfeffer würzen und die Sauce etwas einkochen lassen.
Die Nudeln in kochendem Salzwasser 10 bis 12 Minuten bißfest garen. Inzwischen die gehackten Walnußkerne in einer kleinen Pfanne im Öl anrösten. Nudeln abgie-

ßen, kurz abtropfen lassen und in einer vorgewärmten Schüssel mit der Pilzsauce und den gerösteten Nüssen vermischen.

Den geriebenen Parmesan getrennt dazu servieren.

Als Beilage Blattsalat mit Joghurtdressing.

Nährwerte pro Portion	
Kilokalorien	700
Kilojoule	2950
Eiweiß/g	21
Kohlenhydrate/g	59
Fett/g	39
Ballaststoffe/g	4,9

Lasagnette mit Zitrone

einfach, Blitzrezept
4 Portionen

| 4 Schalotten |
| 6 EL Olivenöl |
| 4 getrocknete rote Chilischoten |
| 1 unbehandelte Zitrone |
| 350 g Lasagnette |
| Salz |
| 1 Bund glatte Petersilie |
| frisch gemahlener schwarzer Pfeffer |

Die Schalotten abziehen und feinhacken. Das Olivenöl in einem Topf erhitzen und die Schalotten darin glasig dünsten. Die Chilischoten zufügen und kurz mitdünsten. Die fein abgeriebene Schale und den Saft der Zitrone unterrühren und vom Herd nehmen.

Die Lasagnette in reichlich Salzwasser circa 10 Minuten bißfest kochen. Nudeln in ein Sieb abgießen, kurz mit kaltem Wasser abschrecken und abtropfen lassen.

Die Petersilie waschen, trockenschütteln und hakken. Nudeln in den Topf zum Olivenöl geben, gut durchmischen und noch einmal erhitzen. Vor dem Servieren die Petersilie untermengen und etwas frisch gemahlenen Pfeffer darübergeben.

Diese leichte Vorspeise wird in Italien kalt oder warm gegessen.

Nährwerte pro Portion	
Kilokalorien	490
Kilojoule	2060
Eiweiß/g	11
Kohlenhydrate/g	62
Fett/g	20
Ballaststoffe/g	3,1

**NUDELN
OHNE FISCH UND FLEISCH**

Tripoline mit Steinpilzen

einfach
4 Portionen

500 g frische Steinpilze
2 Schalotten
1 Knoblauchzehe
1 Bund glatte Petersilie
2 EL Olivenöl
Salz
frisch gemahlener Pfeffer
400 g Tripoline
1 EL Butter

Die Steinpilze putzen, unter fließendem Wasser abspülen und mit Küchenpapier trockentupfen. Köpfe und Stiele in Scheiben schneiden. Die Schalotten und die Knoblauchzehe abziehen und feinhacken.

Das Olivenöl in einer Pfanne erhitzen und die Pilze darin unter Rühren bei mittlerer Hitze 10 Minuten braten. Dann die Schalotten, Knoblauch und Petersilie zufügen, mit Salz und Pfeffer würzen und weitere 10 Minuten köcheln. Dabei von Zeit zu Zeit umrühren.

Die Tripoline in reichlich Salzwasser 10 Minuten kochen. Die Nudeln in ein Sieb abschütten.

Die Nudeln mit der Pilzsauce und der Butter in einer vorgewärmten Schüssel vermengen und sofort servieren.

Nährwerte pro Portion	
Kilokalorien	480
Kilojoule	2026
Eiweiß/g	14
Kohlenhydrate/g	74
Fett/g	12
Ballaststoffe/g	6,4

Pappardelle mit schwarzen Trüffeln

einfach
2 Portionen

1–2 frische schwarze Trüffeln (es gibt Trüffeln aber auch als Konserve)
75 g Butter
Salz
frisch gemahlener schwarzer Pfeffer
50 ml trockener Weißwein
100 g Schlagsahne
150 g Papardelle (oder andere Bandnudeln)
Salz

Die Trüffeln in Wasser mit einer Bürste vorsichtig, aber gründlich schrubben. Spülen und sofort abtrocknen. Schälen und in dünne Scheiben schneiden.

Die Butter in einer breiten Pfanne aufschäumen. Die Trüffeln hineingeben, salzen und pfeffern, einige Minuten bei mäßiger Hitze anschwitzen. Die Trüffeln dann herausheben, den Wein und die Sahne in die Pfanne gießen. Sämig einkochen lassen.

Inzwischen die Bandnudeln in reichlich kochendem Salzwasser nach Packungsbeschreibung al dente kochen.

Die Trüffeln wieder unter die Sahnesauce mischen, würzig abschmecken. Die Nudeln abtropfen lassen und gründlich mit der Trüffelsahne vermischen. Sofort servieren.

Nährwerte pro Portion	
Kilokalorien	710
Kilojoule	3000
Eiweiß/g	13
Kohlenhydrate/g	53
Fett/g	49
Ballaststoffe/g	4

Tagliatelle mit Nüssen

einfach, Blitzrezept
4 Portionen

200 g Walnußkerne
2 Knoblauchzehen
3 EL Olivenöl
Salz
frisch gemahlener Pfeffer
1 Messerspitze geriebene Muskatnuß
200 g Crème fraîche
350 g Tagliatelle
2 EL frisches Basilikum

Die schönsten 12 Walnußkernhälften für die spätere Garnitur beiseite legen. Restliche Walnußkerne im Mörser grob zerstoßen. Die Knoblauchzehen abziehen und feinhacken.

In einer Pfanne das Olivenöl erhitzen und den Knoblauch darin goldgelb dünsten. Dann die Nüsse, 75 ml Wasser, Salz, Pfeffer und Muskatnuß unterrühren. Die Sauce bei mittlerer Hitze 5 Minuten köcheln. dann die Crème fraîche zufügen. Sauce warm halten, sie soll nicht mehr kochen.

Die Tagliatelle in kochendem Salzwasser 5 bis 7 Minuten bißfest garen. Nudeln abschütten und kurz abtropfen lassen.

Das Basilikum waschen, trockenschütteln und hakken.

Tagliatelle, Basilikum und die Nußsauce gut vermischen. Die Nudeln auf vier vorgewärmte Teller verteilen und mit je 3 Walnußkernen garnieren. Sofort servieren.

Nährwerte pro Portion	
Kilokalorien	690
Kilojoule	2900
Eiweiß/g	18
Kohlenhydrate/g	69
Fett/g	35
Ballaststoffe/g	5,3

Gar nicht fein ist die sprachliche Herkunft der köstlichen Pappardelle. Das Wort stammt aus der Toskana, bedeutet ursprünglich »sich den Wanst vollschlagen« und findet sich in diesem Sinn auch in Boccaccios »Decamerone«.

**NUDELN
OHNE FISCH UND FLEISCH**

Fettuccelle mit Pesto

einfach, Blitzrezept
4 Portionen

1 Bund glatte Petersilie
1 Bund Basilikum
5 Knoblauchzehen
Salz
4 EL natives Olivenöl
50 g Pinienkerne
1 EL Butter
1 EL Weißwein
350 g Fettuccelle
frisch gemahlener Pfeffer
100 geriebener Parmesan

Die Petersilie und das Basilikum waschen und trockenschütteln. Beides grob hacken. Die Knoblauchzehen abziehen und feinhacken.

In einem Mörser die Kräuter mit dem Knoblauch und 1 Prise Salz zerstoßen. Dabei nach und nach das Olivenöl dazugeben, bis eine dickflüssige Paste entsteht.

Die Pinienkerne in einer trockenen Pfanne anrösten. Kräuterpaste, Pinienkerne und Weißwein zum Pesto verrühren.

In kochendem Salzwasser die Fettuccelle 5 bis 7 Minuten bißfest garen. Nudeln in einen Durchschlag abschütten und kurz abtropfen lassen.

Dann die Fettuccelle in eine vorgewärmte Schüssel umfüllen. Viel frisch gemahlenen Pfeffer und das Pesto darübergeben, alles gut vermischen und sofort servieren. Den Parmesan getrennt dazu reichen.

Nährwerte pro Portion	
Kilokalorien	640
Kilojoule	2680
Eiweiß/g	22
Kohlenhydrate/g	65
Fett/g	29
Ballaststoffe/g	3,1

Farfalline mit Rucola

einfach, Blitzrezept
4 Portionen

50 g Rucola	
50 g Brunnenkresse	
400 g Farfalline	
Salz	
75 g Butter	
75 g geriebener Pecorino	
frisch gemahlener Pfeffer	

Die Rucola und die Brunnenkresse verlesen, grobe Stengel entfernen. Die Kräuter waschen, in einer Salatschleuder trockenschleudern und anschließend grob hacken.

In kochendem Salzwasser die Farfalline circa 10 Minuten garen. Abschütten, kurz abtropfen lassen und in eine vorgewärmte Schüssel umfüllen.

Die Butter, den Käse und die Kräuter mit den Nudeln gut vermischen. Kräftig mit frisch gemahlenem Pfeffer würzen und sofort servieren.

Nährwerte pro Portion	
Kilokalorien	580
Kilojoule	2430
Eiweiß/g	18
Kohlenhydrate/g	71
Fett/g	21
Ballaststoffe/g	3,6

NUDELN
OHNE FISCH UND FLEISCH

Auch wenn es die Nudel nicht erfunden hat: Italien gebührt der Dank für den Weltruhm der Pasta. 2,8 Millionen Tonnen Pasta-Teig produzieren die Italiener pro Tag, davon nur 12 Prozent für den Export. Allein über 100 verschiedene Nudelformen bieten die Hersteller an, mehr als 2000 klassische und regionale Rezepte sind »offiziell« bekannt.

Pasta mit weißer Trüffel

Blitzrezept
4 Portionen

300 g feinste weiße Bandnudeln, am besten aus frischem Nudelteig
Salz
100 g Butter
weiße Trüffel, soviel man sich leisten kann, mindestens aber 1 Stück von 50 g

Die Nudeln in kochendem Salzwasser bißfest garen. Bei frischem Nudelteig nach 2 Minuten eine Garprobe machen.

Inzwischen die Butter auf kleinster Hitze schmelzen und in eine vorgewärmte Schüssel geben.

Die Trüffel mit einer **trockenen** Bürste abreiben.

Die gegarten Nudeln abgießen, kurz abtropfen lassen und in der Schüssel mit der Butter vermengen. Sofort auf vorgewärmte Teller verteilen und die Trüffel in feinsten Spänen darüberhobeln. Am besten geht das mit dem speziellen Trüffelhobel oder mit der feinsten Einstellung auf dem Gurkenhobel.

Nährwerte pro Portion	
Kilokalorien	470
Kilojoule	1960
Eiweiß/g	9
Kohlenhydrate/g	54
Fett/g	22
Ballaststoffe/g	4,4

Vollkornspaghetti mit Zucchini und Möhren

einfach
4 Portionen

| 250 g Zucchini |
| 250 g Möhren |
| 350 g Vollkornspaghetti |
| Salz |
| 1 Bund glatte Petersilie |
| 125 g Butter |
| 2 EL Kürbiskerne |
| frisch gemahlener Pfeffer |

Die Zucchini waschen, Blüten- und Stielansatz entfernen. Die Möhren putzen und schälen. Zucchini und Möhren halbieren und der Länge nach in feine Streifen schneiden.

Die Spaghetti in kochendem Salzwasser 5 Minuten garen. Dann die Zucchini und Möhren zufügen und circa 8 Minuten gemeinsam fertig garen.

Die Petersilie waschen, trocknen und hacken.

1 Eßlöffel Butter in einer Pfanne zerlassen und die Kürbiskerne darin bei kleiner Hitze rösten. Die restliche Butter in einem Pfännchen zerlassen.

Spaghetti und Gemüse abgießen. In eine vorgewärmte Schüssel füllen, die flüssige Butter darübergießen und mit den gerösteten Kürbiskernen bestreuen. Frisch gemahlenen Pfeffer über die Nudeln geben.

Nährwerte pro Portion	
Kilokalorien	600
Kilojoule	2510
Eiweiß/g	14
Kohlenhydrate/g	57
Fett/g	32
Ballaststoffe/g	10,5

Tagliolini mit Pinienkernen

einfach, Blitzrezept
4 Portionen

| 4 Bund glatte Petersilie |
| 4 Knoblauchzehen |
| 200 g Pinienkerne |
| 10 EL Olivenöl |
| Salz |
| 300 g Tagliolini |

Die Petersilie waschen und grob hacken. Die Knoblauchzehen abziehen und vierteln.

Die Pinienkerne in einer trockenen, heißen Pfanne rösten.

Im Mixer Petersilie, Knoblauch, die Hälfte der gerösteten Pinienkerne mit 3 Eßlöffeln Olivenöl pürieren. In eine kleine Schüssel umfüllen. 1 Prise Salz und das restliche Olivenöl mit einem Holzlöffel unterrühren, bis eine glatte Paste entsteht. Eventuell mit einigen Löffeln heißem Wasser verdünnen.

Die Tagliolini in kochendem Salzwasser circa 5 Minuten bißfest garen. Abschütten und abtropfen lassen.

Tagliolini in eine vorgewärmte Schüssel umfüllen und mit der Sauce gründlich vermischen. Auf 4 vorgewärmten Tellern anrichten und mit den restlichen Pinienkernen bestreuen.

Je nach Geschmack frisch geriebenen Parmesan oder Pecorino dazu reichen.

Nährwerte pro Portion	
Kilokalorien	880
Kilojoule	3700
Eiweiß/g	21
Kohlenhydrate/g	61
Fett/g	57
Ballaststoffe/g	3,3

**NUDELN
OHNE FISCH UND FLEISCH**

Buchweizennudeln auf Spinat

Teig 1 Stunde ruhen lassen.

einfach, braucht Zeit
4 Portionen

100 g Buchweizenmehl
100 g Weizenmehl
1 Ei
2 Eigelb
Salz
3–5 EL Weißwein
750 g frischer Blattspinat
Mehl für die Arbeitsfläche
2 EL Butter
1 EL Buchweizengrütze
250 g Schlagsahne
200 g Crème fraîche
150 g Gorgonzola
1 Knoblauchzehe
1 Schalotte
2 EL Olivenöl
1 kleine Dose gewürfelte Tomaten, 400 g
frisch gemahlener Pfeffer
1 Messerspitze gemahlene Muskatnuß

Die beiden Mehlsorten auf eine Arbeitsfläche sieben. In die Mitte eine Mulde drücken. Das Ei, das Eigelb und 1 Teelöffel Salz hineingeben. Alles von der Mitte aus so lange gut verkneten, bis ein glatter Teig entstanden ist. Dabei nach und nach den Weißwein zufügen. Den fertigen Teig in ein feuchtes Tuch einschlagen und 1 Stunde bei Zimmertemperatur ruhen lassen.

In der Zwischenzeit den Blattspinat verlesen, die groben Stengel entfernen und den Spinat gründlich waschen.

Den Nudelteig halbieren, auf einer bemehlten Fläche dünn ausrollen und mit der Nudelmaschine Bandnudeln herstellen. Die Nudeln mindestens 10 Minuten trocknen lassen.

In einer Kasserolle die Butter zerlassen und die Buchweizengrütze darin andünsten. Die Schlagsahne und die Crème fraîche unterrühren und 5 Minuten köcheln. Dann den Gorgonzola hineinbröckeln und den Käse unter Rühren in der Sauce schmelzen. Die Sauce warm halten.

Die Knoblauchzehe und die Schalotte abziehen und feinhacken. Das Olivenöl in einem Topf erhitzen, Knoblauch und Schalotte darin goldgelb dünsten. Dann die Tomaten zufügen und einige Minuten kochen. Den tropfnassen Spinat hineingeben und alles zugedeckt einige Minuten dünsten, bis der Spinat zusammengefallen ist. Das Gemüse mit Salz, Pfeffer und Muskatnuß würzen und warm halten.

Die Nudeln in reichlich Salzwasser circa 10 Minuten bißfest garen. Abgießen und in einem Durchschlag kurz abtropfen lassen.

Auf einer vorgewärmten Platte das Spinatgemüse anrichten, die Nudeln darauf verteilen und mit der Käsesauce überziehen.

Nährwerte pro Portion	
Kilokalorien	980
Kilojoule	4090
Eiweiß/g	31
Kohlenhydrate/g	46
Fett/g	70
Ballaststoffe/g	6,9

»Stroh und Heu«

»Stroh und Heu« heißt auf italienisch »Paglia e fieno«. Dieses typische Pastagericht hat seinen Namen von den beiden Nudelfarben und wird mit unterschiedlichen Saucen angerichtet.

einfach
4 Portionen

250 g Mascarpone
100 g Parmesankäse
Salz
100 g gelbe Fadennudeln
100 g grüne Fadennudeln
2 Eigelb
⅛ l Schlagsahne
frisch gemahlener Pfeffer

In einem nicht zu kleinen weiten Topf (zum Schluß müssen auch die Nudeln darin Platz haben) den Mascarpone erwärmen. Den Parmesan reiben, mit dem Mascarpone verrühren und schmelzen lassen.

Beide Nudelsorten auf einmal in das kochende Salzwasser geben, umrühren und, falls das Wasser nicht sofort wieder kocht, kurz den Topfdeckel auflegen.

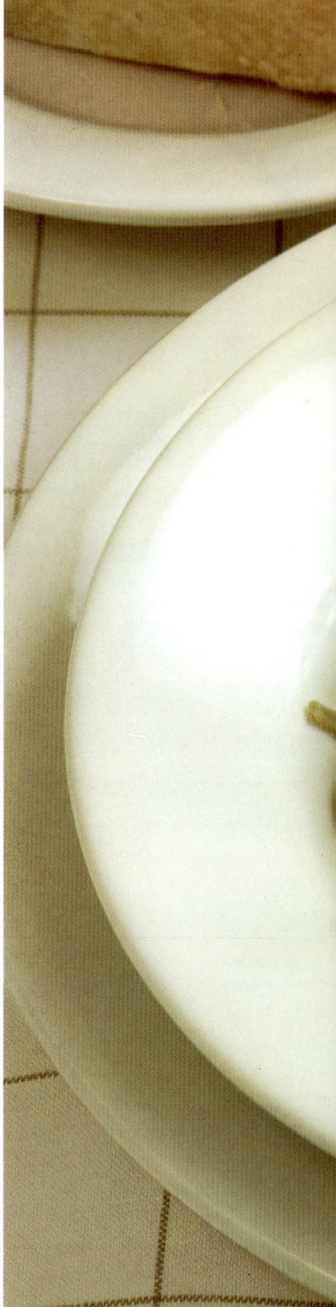

Nudeln nach Empfehlung auf der Packung »al dente« kochen oder nach 3 Minuten eine Garprobe machen. Das Eigelb mit der Sahne und je einer Prise Salz und Pfeffer verrühren. Die Nudeln abgießen und in den

Topf mit der heißen Käsesauce geben. Die Eiersahne darübergießen, gründlich vermischen und sofort servieren.

Nährwerte pro Portion	
Kilokalorien	610
Kilojoule	2560
Eiweiß/g	22
Kohlenhydrate/g	38
Fett/g	38
Ballaststoffe/g	1,5

Tip:

Auf jede Portion rohe Champignons hauchdünn hobeln.

Venus persönlich, besser gesagt ihr Nabel, soll Modell gestanden haben für die Tortellini. Dereinst übernachtete sie in einem Gasthof bei Castelfranco. Als der Wirt ihr am Morgen das Frühstück brachte, traf er auf die nackte Göttin. Überwältigt von ihrem wohlgeformten Bauchnabel rannte er in die Küche und versuchte, den Nabel aus Nudelteig nachzubilden.

NUDELN
OHNE FISCH UND FLEISCH

Gemüsenudeln in Kräuterbutter

einfach
2 Portionen

1 dicke Möhre (etwa 250 g)
1 Knollensellerie (etwa 200 g)
1 Lauchstange
125 g breite Bandnudeln
Salz
½ Bund Petersilie
etwas frisches Basilikum
etwas frischer Kerbel
1–2 Knoblauchzehen
75 g Butter
frisch gemahlener Pfeffer
etwas Chilipulver

Die Möhre putzen, schälen und waschen. Mit einem Sparschäler möglichst lange, breite Streifen abhobeln.

Den Sellerie schälen und waschen. In dicke Scheiben schneiden und halbieren, wie bei der Möhre möglichst lange Streifen mit dem Sparschäler abziehen.

Den Lauch putzen, längs halbieren und waschen. In breite, lange Streifen schneiden.

Die Bandnudeln in reichlich kochendes Salzwasser geben und darin nach Packungsbeschreibung al dente garen. Die letzten 5 Minuten die Gemüsestreifen mit in das Kochwasser geben.

Die Kräuter hacken, den Knoblauch schälen und durchpressen. Die Butter in einer großen Pfanne aufschäumen, Kräuter und Knoblauch hineingeben und anrösten, mit Salz, Pfeffer und Chilipulver würzen.

Die Nudeln und das Gemüse abtropfen lassen und in der Butter wenden.

Nach Geschmack können Sie zusätzlich gehobelten Parmesan aufstreuen, oder die Kräuterbutter mit etwas Sahne anreichern.

Nährwerte pro Portion	
Kilokalorien	600
Kilojoule	2500
Eiweiß/g	15
Kohlenhydrate/g	60
Fett/g	33
Ballaststoffe/g	3

Die Tomaten achteln, Basilikum und Knoblauch in feine Streifen schneiden. Die grob zerteilten Nudeln mit Oregano würzen. Olivenöl und Butter in einer Pfanne erhitzen und alle Zutaten darin braten, bis die Flüssigkeit der Tomaten verdunstet ist und die Nudeln goldgelb sind. Mit Salz und Pfeffer würzen.

Nährwerte pro Portion	
Kilokalorien	180
Kilojoule	740
Eiweiß/g	4
Kohlenhydrate/g	16
Fett/g	10
Ballaststoffe/g	2,5

Nudelpfanne

2 Portionen

200 g Tomaten
2 Zweige Basilikum
1 Knoblauchzehe, abgezogen
ca. 100 g gekochte Nudeln
½ TL Oregano
1 EL Olivenöl
½ EL Butter
Salz
Pfeffer

Nudelkuchen

2 Portionen

2 Eier
Salz
Pfeffer
½ Bund Petersilie, gehackt
50 g geriebener Parmesan
100 g gekochte Nudeln
1 EL Olivenöl
1 EL Butter

Eier mit Salz, Pfeffer, Petersilie und Parmesan verrühren, grob zerteilte Nudeln dazugeben.

Öl und Butter in einer weiten Pfanne erhitzen, die Masse einfüllen und als dicken Pfannkuchen ausbakken.

Nährwerte pro Portion	
Kilokalorien	370
Kilojoule	1550
Eiweiß/g	19
Kohlenhydrate/g	15
Fett/g	24
Ballaststoffe/g	0,7

Nudeln auf Capreser Art

einfach
4 Portionen

600 g Fleischtomaten
1 Zwiebel
3 EL Olivenöl
2 Kugeln Mozzarella, à 150 g
Salz
frisch gemahlener schwarzer Pfeffer
350 g Nudeln, z. B. Penne
1 Bund Basilikum

Die Fleischtomaten überbrühen, häuten, entkernen und in kleine Würfel schneiden. Die Zwiebel abziehen, feinhacken und in heißem Olivenöl weichdünsten. Den Mozzarella in kleine Würfel schneiden, mit den Tomaten in den Topf geben und 8 Minuten bei milder Hitze garen, dabei umrühren, salzen und pfeffern. Die Nudeln in Salzwasser 8 bis 10 Minuten nach Grundrezept kochen und abgießen.

Das Basilikum abbrausen und bis auf einige Blättchen feinhacken. Unter die Tomaten mischen. Die Nudeln mit der Sauce mischen und mit den restlichen Basilikumblättchen garnieren.

Nährwerte pro Portion	
Kilokalorien	640
Kilojoule	2680
Eiweiß/g	25
Kohlenhydrate/g	68
Fett/g	26
Ballaststoffe/g	5,8

NUDELN
OHNE FISCH UND FLEISCH

Zwar sind die Apulier nicht die Erfinder der Nudeln, aber sie haben als einzige eine kleine Revolution vom Zaun gebrochen, um ihre Pasta zu verteidigen. 1647 war Bari unter spanischer Herrschaft. Als die wahrlich nicht beliebten Eroberer eines Tages auch noch eine Mehlsteuer einführen wollten, kam es zu einem einwöchigen Aufstand. Die Steuer wurde nie erhoben.

Gnocchetti mit Staudensellerie

einfach
4 Portionen

500 g Staudensellerie
Salz
1 Knoblauchzehe
2 EL frische Minzeblätter
1 EL Butter
1 EL Mehl
⅛ l Milch
200 g Crème fraîche
frisch gemahlener weißer Pfeffer
320 g Gnocchetti oder andere kurze Teigwaren
1 Eigelb
2 EL geriebener Emmentaler

Die Selleriestangen waschen, abziehen und in kleine Würfel schneiden. In einem Topf 2 Liter Wasser mit 1 Eßlöffel Salz aufkochen und den Sellerie circa 8 Minuten garen. Dann mit einem Schaumlöffel herausheben und auf Küchenpapier abtropfen lassen. Das Kochwasser beiseite stellen.
　Die Knoblauchzehe abziehen und feinhacken. Die Hälfte der Minzeblätter feinhacken. In einer Kasserolle die Butter schmelzen. Knoblauch und die gehackten Minzeblätter kurz andünsten. Sellerie dazugeben und mit dem Mehl bestäuben. Die Milch und die Crème fraîche angießen. Alles unter Rühren einmal aufkochen. Die Sauce mit Salz und Pfeffer abschmecken und warm halten.

Das Selleriewasser wieder zum Kochen bringen. Gnocchetti darin 10 Minuten garen. Dann die Nudeln abgießen und abtropfen lassen.

Gemüsesauce vom Herd nehmen und das Eigelb und den Käse unterrühren. Nudeln und Sauce gut vermischen und auf 4 vorgewärmte Teller verteilen. Mit den restlichen Minzeblättern dekorieren und sofort servieren.

Penne mit Artischocken

einfach
4 Portionen

8 kleine Artischocken
Saft von 2 Zitronen
5 EL Olivenöl
¼ l Weißwein
3 Knoblauchzehen
Salz
frisch gemahlener Pfeffer
350 g Penne
75 g geriebener Parmesan

Die Artischocken putzen. Dazu die Stiele herausdrehen, harte Blätter und die Blattspitzen entfernen. Artischocken der Länge nach in dünne Scheiben schneiden und sofort in 1 Liter Wasser mit dem Zitronensaft legen. Nach 10 Minuten abgießen und gut abtropfen lassen.

Das Olivenöl in einer Pfanne erhitzen und die Artischocken darin von beiden Seiten anbraten. Mit dem Weißwein ablöschen.

Die Knoblauchzehen abziehen und hacken. Zu den Artischocken geben, mit Salz und Pfeffer würzen.

Zugedeckt bei kleiner Hitze circa 10 Minuten kochen, bis das Gemüse weich ist.

Inzwischen die Penne in kochendem Salzwasser 10 Minuten garen. Dann in ein Sieb abgießen und kurz abtropfen lassen.

Die Penne, die Artischocken und den Parmesan in einer vorgewärmten Schüssel vermischen und gleich auftragen.

Nährwerte pro Portion	
Kilokalorien	520
Kilojoule	2170
Eiweiß/g	15
Kohlenhydrate/g	71
Fett/g	17
Ballaststoffe/g	4,2

Nährwerte pro Portion	
Kilokalorien	550
Kilojoule	2280
Eiweiß/g	17
Kohlenhydrate/g	66
Fett/g	21
Ballaststoffe/g	4,2

**NUDELN
OHNE FISCH UND FLEISCH**

Paprikanudeln

4 Portionen

Für die Sauce:
| 1 kleine Zwiebel |
| 1 Knoblauchzehe |
| 600 g rote Paprikaschoten |
| 25 g Butter |
| 100 ml Hühnerbrühe |
| 60 g Crème fraîche |
| Salz |
| frisch gemahlener weißer Pfeffer |
| 1 Prise Zucker |

Für die Nudeln:
| 300 g kurze Nudeln |
| Salz |
| 1 rote Paprikaschote |
| 40 g Butter |
| 200 g saure Sahne |
| frisch gemahlener weißer Pfeffer |

Für die Sauce Zwiebel und Knoblauch abziehen und feinhacken. Paprikaschoten waschen, halbieren, entkernen und in Würfel schneiden.

In einem Topf die Butter erhitzen und die Zwiebel- und Knoblauchwürfel darin andünsten. Paprika zufügen und kurz mitdünsten. Die Brühe angießen und das Gemüse bei mittlerer Temperatur 10 Minuten garen.

Im Mixer oder mit dem Handschneidstab pürieren.

Crème fraîche einrühren und die Sauce mit Salz, Pfeffer und Zucker abschmecken.

Nach Wunsch die fertige Sauce durch ein Sieb streichen, damit die Paprikahaut entfernt wird. Die Sauce warm halten.

Inzwischen die Paprikaschote waschen, putzen und kleinwürfeln.

Die Nudeln nach Grundrezept kochen.

In einer Pfanne die Butter erhitzen und die Paprikaschote darin dünsten. Die abgetropften Nudeln in der Pfanne mit den Paprikawürfeln vermischen und mit Pfeffer würzen. Die saure Sahne darübergießen und die Nudeln auf die vorgewärmten Teller verteilen.

Die rote Paprikasauce dazu reichen.

Nährwerte pro Portion
Kilokalorien	560
Kilojoule	2330
Eiweiß/g	12
Kohlenhydrate/g	61
Fett/g	27
Ballaststoffe/g	5,4

Lauchnudeln in Mandelsauce

einfach, zum Einfrieren
4 Portionen

| 100 g Mandeln |
| 600 g Lauch |
| 300 g grüne Nudeln |
| Salz |
| ¼ l Kalbsfond oder Brühe |
| 125 g Schlagsahne |
| frisch gemahlener schwarzer Pfeffer |
| Chilipulver |
| frisch geriebene Muskatnuß |
| ½ Bund Schnittlauch |

Die Mandeln für einige Minuten in kochendes Wasser geben, bis sich die Häutchen lösen. In ein Sieb abgießen, kalt abbrausen, dann die Mandeln aus dem Häutchen drücken. Einige Mandeln grob hacken, die restlichen durch die Mandelmühle drehen.

Den Lauch putzen, aufschlitzen und gründlich waschen, in ½ cm dicke Ringe schneiden.

Die Nudeln nach der Packungsbeschreibung in reichlich kochendem Salzwasser bißfest garen. Die letzten 5 Minuten den Lauch zugeben und mitgaren.

Inzwischen die gehackten Mandeln in einer trockenen Pfanne goldgelb rösten, wieder herausnehmen. Dann die gemahlenen Mandeln in der Pfanne anrösten, mit Fond und Sahne ablöschen und etwas einkochen lassen. Mit Salz, Pfeffer, Chilipulver und Muskat kräftig würzen.

Nudeln und Lauch abtropfen lassen, mit der Sauce servieren, die gehackten Mandeln und Schnittlauchröllchen aufstreuen.

Nährwerte pro Portion	
Kilokalorien	620
Kilojoule	2600
Eiweiß/g	22
Kohlenhydrate/g	75
Fett/g	27
Ballaststoffe/g	8

**NUDELN
OHNE FISCH UND FLEISCH**

Gebratene chinesische Nudeln mit süß-saurem Gemüse

einfach
4 Portionen

2 frische rote Chilischoten
2 grüne Paprikaschoten
2 Stangen Lauch
2 EL Öl
⅛ l Fleischbrühe
4 Scheiben Ananas
3 EL Essig
1 EL Sojasauce
2 EL Sherry
2 EL Honig
Salz
2 Bündel chinesische Eiernudeln, 225 g
4 EL Butterschmalz
1 EL Sesamöl

Die Chili- und die Paprikaschoten waschen, halbieren und das Kerngehäuse entfernen. Chilischoten in winzige, Paprikaschoten in circa 3 cm große Würfel schneiden.

Den Lauch putzen, waschen und in 3 cm lange Stücke schneiden.

In einer tiefen Pfanne das Öl erhitzen. Chili- und Paprikaschoten sowie den Lauch darin 3 Minuten unter Rühren anbraten. Die Fleischbrühe angießen und weitere 10 Minuten schmoren.

Die Ananasscheiben in jeweils 6 Stücke schneiden. Zum Gemüse geben und mit Essig, Sojasauce, Sherry und Honig würzen. Das Gemüse bei kleiner Hitze warm halten.

In einem großen Topf schwach gesalzenes Wasser zum Kochen bringen. Die Nudelbündel in 3 bis 4 Stücke brechen, ins Wasser geben und 4 Minuten garen. In einen Durchschlag schütten und abtropfen lassen.

Das Butterschmalz in einer tiefen Pfanne oder im Wok erhitzen. Nudeln darin bei großer Hitze goldgelb anbraten. Auf eine vorgewärmte Platte geben.

Das Gemüse mit dem Sesamöl und eventuell etwas Salz abschmecken und über die Nudeln verteilen. Sofort servieren.

Nährwerte pro Portion	
Kilokalorien	510
Kilojoule	2140
Eiweiß/g	10
Kohlenhydrate/g	53
Fett/g	26
Ballaststoffe/g	5,3

Kässpatzen mit Zwiebeln

einfach
4 Portionen

500 g Mehl
5 Eier
1 TL Salz
250 g geriebener Emmentaler
4 Zwiebeln
5 EL Butter

Mit dem Mehl, den Eiern, dem Salz und circa ¼ Liter Wasser einen Spätzleteig zubereiten.

Ausreichend Salzwasser in einem großen Topf zum Kochen bringen.

Je nach Vorliebe die Spätzle schaben, drücken oder hobeln und nach circa 4 Minuten mit der Schaumkelle herausheben.

Die Spätzle kurz abtropfen lassen und dann in einer vorgewärmten Schüssel mit dem geriebenen Käse vermischen.

Inzwischen die Zwiebeln abziehen und in Scheiben schneiden. Die Butter in einer Pfanne erhitzen und die Zwiebelringe darin knusprig braun braten.

Die Zwiebeln über die Kässpatzen geben und servieren.

Nährwerte pro Portion	
Kilokalorien	990
Kilojoule	4120
Eiweiß/g	40
Kohlenhydrate/g	96
Fett/g	43
Ballaststoffe/g	4,1

Vollkornspaghetti mit Pilzen

einfach
4 Portionen

750 g braune Egerlinge
1 Zwiebel
1 EL Butter
350 g Vollkornspaghetti
Salz
1 Bund glatte Petersilie
250 g Schlagsahne
Saft von 1 Zitrone
frisch gemahlener schwarzer Pfeffer
2 EL Sonnenblumenkerne

Die Egerlinge putzen, unter fließendem kaltem Wasser waschen und mit Küchenpapier trockentupfen. Egerlinge in dünne Scheiben schneiden. Die Zwiebel schälen und feinhacken.

In einer Pfanne die Butter zerlassen und die Zwiebel darin glasig andünsten. Pilze zugeben und circa 10 Minuten mitdünsten.

Die Spaghetti in kochendem Salzwasser 8 Minuten bißfest garen. Anschließend in ein Sieb abschütten, kurz mit kaltem Wasser abschrecken und abtropfen lassen.

Die Petersilie waschen, trockenschütteln und feinhacken. Die Sahne, den Zitronensaft und die Petersilie unter die Pilze mischen, mit Salz und Pfeffer abschmecken. Spaghetti zu den Pilzen geben und kurz in der Sauce ziehen lassen.

In der Zwischenzeit die Sonnenblumenkerne in einer trockenen Pfanne rösten und vor dem Servieren über die Spaghetti streuen.

Nährwerte pro Portion
Kilokalorien 590
Kilojoule 2480
Eiweiß/g 18
Kohlenhydrate/g 58
Fett/g 29
Ballaststoffe/g 12,3

Vollkornkäsespätzle mit Zwiebelringen und brauner Butter

einfach
4 Portionen

350 g Weizen-Vollkornmehl
5 Eier
Salz
500 g Zwiebeln
125 g Butter
2 EL Keimöl
frisch gemahlener Pfeffer
200 g geriebener Emmentaler

Das Mehl, die Eier und 1 Teelöffel Salz in eine Schüssel geben. Nach und nach unter Rühren circa ¼ Liter Wasser zugeben. Alles zu einem dickflüssigen Teig verrühren und so lange mit einem Holzlöffel schlagen, bis der Teig Blasen wirft. Das dauert etwa 20 Minuten.

Einen großen Topf zur Hälfte mit Wasser füllen, Salz zugeben und das Wasser zum Kochen bringen. Den Teig portionsweise durch eine Spätzlepresse oder mit dem Spätzlehobel ins sprudelnde Wasser drücken. Dabei die Geräte vor dem Füllen in heißes Wasser tauchen, dann mit Teig füllen und erst gefüllt auf den Topf setzen.

Nach 3 bis 5 Minuten die Spätzle mit einem Schaumlöffel in ein Sieb herausheben und unter kaltem Wasser kurz durchspülen. Dann in eine Schüssel mit lauwarmem Wasser geben und darin warm halten, bis alle Spätzle fertig sind.

Inzwischen die Zwiebeln abziehen und in Ringe schneiden. Die Butter in einer Pfanne zerlassen, Öl zufügen und die Zwiebelringe darin goldbraun rösten.

In eine Auflaufform eine Lage Spätzle schichten, mit Käse bestreuen und eine Lage Zwiebeln mit etwas brauner Butter darübergeben. Mit frisch gemahlenem Pfeffer würzen. So verfahren, bis alle Zutaten eingeschichtet sind. Mit der restlichen braunen Butter übergießen.

Im vorgeheizten Backofen bei 200 °C 10 bis 15 Minuten überbacken, bis der Käse geschmolzen ist. In der Auflaufform heiß servieren.

Als Beilage eine große Schüssel Kopfsalat reichen.

Nährwerte pro Portion
Kilokalorien 940
Kilojoule 3950
Eiweiß/g 35
Kohlenhydrate/g 62
Fett/g 57
Ballaststoffe/g 11,3

Vollkornnudeln mit Kräuterbutter und Käse

4 Portionen

75 g gemischte Kräuter (z. B. Petersilie, Kerbel, Zitronenmelisse, Schnittlauch)
125 g weiche Butter
Vollmeersalz
frisch gemahlener schwarzer Pfeffer
1 Spritzer Zitronensaft
100 g Emmentaler
2 große Möhren
350 g Vollkornspaghetti

Die Kräuter verlesen, grobe Stengel entfernen, danach waschen und trockenschütteln.

Die Kräuter sehr fein hacken und mit der weichen Butter verkneten. Danach mit Salz, Pfeffer und Zitronensaft würzen. Die Butter in Alufolie zu einer Rolle formen und kühl stellen. Den Käse fein raffeln.

Die Möhren putzen, waschen und der Länge nach in Stifte schneiden.

Die Spaghetti in reichlich kochendem Salzwasser nach Packungsvorschrift garen. 5 Minuten vor Ende der Garzeit die Möhren zugeben.

Beides in einem Durchschlag abtropfen lassen, mit Käse und Kräuterbutter anrichten.

Nährwerte pro Portion
Kilokalorien 680
Kilojoule 2860
Eiweiß/g 20
Kohlenhydrate/g 59
Fett/g 37
Ballaststoffe/g 10,3

NUDELN
OHNE FISCH UND FLEISCH

Grüne Spätzle mit Morchelsahne

Morcheln über Nacht einweichen.

einfach, zum Einfrieren
4 Portionen

30 g getrocknete Morcheln
200 g TK-Blattspinat
400 g Mehl
4 Eier
1 TL Salz
2 Schalotten
100 g Butter
200 g Schlagsahne
150 g Crème fraîche
frisch gemahlener weißer Pfeffer
1 Schuß Weißwein

Die Morcheln über Nacht in ¼ Liter Wasser einweichen.

Pilze abgießen, den Sud durch ein Tuch passieren und aufbewahren. Die Pilze grob hacken.

Blattspinat auftauen lassen und anschließend mit der Auftauflüssigkeit pürieren.

Aus Mehl, Eiern, 1 Teelöffel Salz und 150 ml lauwarmem Wasser einen dickflüssigen Teig rühren. Kräftig schlagen, bis der Teig Blasen bildet, dann den pürierten Spinat unterrühren.

Einen großen Topf mit Wasser füllen. Salz zugeben und das Wasser zum Kochen bringen. Den Teig portionsweise durch eine Spätzlepresse oder mit dem Spätzlehobel ins sprudelnde Wasser drücken. Dabei die Geräte vor dem Füllen in heißes Wasser tauchen und erst gefüllt auf den Topf setzen.

Nach 3 bis 5 Minuten die fertigen Spätzle mit einem Schaumlöffel in ein Sieb heben, unter kaltem Wasser kurz durchspülen und abtropfen lassen.

Die Schalotten abziehen und sehr fein hacken.

In einer Kasserolle 40 Gramm Butter zerlassen, die Schalotten darin glasig andünsten. Morcheln zufügen und unter Rühren 5 Minuten mitbraten. Dann den Morchelsud, Schlagsahne und Crème fraîche angießen. Die Sauce bei kleiner Hitze etwas einkochen und mit Salz, Pfeffer und einem Schuß Weißwein abschmecken.

Restliche Butter in einer tiefen Pfanne zerlassen. Spätzle darin schwenken und erwärmen, aber nicht anbraten. Auf vorgewärmten Tellern die Spätzle mit der Morchelsahne anrichten.

Als kleines Gericht oder als Beilage zu Fleisch und Wild servieren.

Nährwerte pro Portion	
Kilokalorien	1000
Kilojoule	4180
Eiweiß/g	23
Kohlenhydrate/g	80
Fett/g	60
Ballaststoffe/g	5,8

Saure Spätzle

einfach
4 Portionen

Für den Teig:
400 g Mehl
3 Eier
Salz
Für die Sauce:
1 Zwiebel
½ Salatgurke
2 EL Butter
2 EL Mehl
¾ l Fleischbrühe
150 g saure Sahne
1 Lorbeerblatt
2 Nelken
Weinessig
frisch gemahlener schwarzer Pfeffer
1 Bund glatte Petersilie

Das Mehl, die Eier und 1 Teelöffel Salz in eine Schüssel geben. Nach und nach unter Rühren knapp ¼ Liter Wasser zugeben. Alles zu einem dickflüssigen Teig verrühren und so lange mit einem Holzlöffel schlagen, bis der Teig Blasen wirft. Das dauert circa 20 Minuten.

Einen großen Topf zur Hälfte mit Wasser füllen, Salz zugeben und das Wasser zum Kochen bringen. Den Teig portionsweise durch eine Spätzlepresse oder mit dem Spätzlehobel ins sprudelnde Wasser drücken. Dabei die Geräte vor dem Füllen in heißes Wasser tauchen, dann mit Teig füllen und erst gefüllt auf den Topf setzen.

Nach 3 bis 5 Minuten die Spätzle mit einem Schaumlöffel in ein Sieb herausheben und unter kaltem Wasser kurz durchspülen. Dann in eine Schüssel mit lauwarmem Wasser geben und darin warm halten, bis alle Spätzle fertig sind.

Für die Sauce die Zwiebel schälen und feinhacken. Die Gurke schälen, halbieren und die Kerne entfernen. Gurke in kleine Würfel schneiden.

In einem Topf die Butter zerlassen und die Zwiebel darin andünsten. Das Mehl zufügen und unter Rühren goldbraun anrösten. Mit der Fleischbrühe ablöschen und bei mittlerer Hitze zum Kochen bringen. Die saure Sahne, das Lorbeerblatt, die Nelken und die Gurkenstücke untermischen. Zuletzt die Sauce mit Essig, Salz und Pfeffer abschmecken. Die Spätzle in der Sauce noch einmal aufkochen lassen.

Die Petersilie waschen, trockenschütteln und feinhacken. Vor dem Servieren über die sauren Spätzle streuen und in einer Suppenschüssel servieren.

Nährwerte pro Portion	
Kilokalorien	570
Kilojoule	2390
Eiweiß/g	19
Kohlenhydrate/g	80
Fett/g	16
Ballaststoffe/g	3,1

NUDELN MIT FISCH UND MEERESFRÜCHTEN

Ferdinand II., von 1830 bis 1859 König von Neapel, war ein passionierter Spaghetti-Liebhaber. Da man diese Nudeln aber nicht mit den damals bei Hof bekannten, scharfen, dreizackigen Gabeln essen konnte – und der König nicht wie das gemeine Volk einfach seine Hände zum Nudelessen benutzen durfte – ließ er sich von seinem Hofmeister eine stumpfe, vierzackige Gabel anfertigen, Vorläuferin der uns heute bekannten Gabelform. Nudeln machen nicht nur glücklich, sondern auch erfinderisch!

Trenette mit Oliven-Sardellensauce

einfach, braucht Zeit
4 Portionen

100 g Sardellenfilets in Öl
100 g grüne gefüllte Oliven
2 Zwiebeln
2 Knoblauchzehen
2 EL Olivenöl
1 große Dose geschälte Tomaten, 800 g
1 Lorbeerblatt
Salz
frisch gemahlener Pfeffer
1 große festkochende Kartoffel
300 g Trenette
½ Bund glatte Petersilie

Die Sardellenfilets unter warmem Wasser abspülen, trockentupfen und grob hacken. Die grünen Oliven halbieren. Die Zwiebeln und die Knoblauchzehen abziehen und hacken.

Das Öl in einem Topf erhitzen, Zwiebel und Knoblauch darin goldgelb dünsten. Die Tomaten samt Saft dazugeben, Tomaten mit der Gabel am Topfrand zerdrücken. Sardellen, Oliven und das Lorbeerblatt dazugeben, mit Salz und Pfeffer würzen. Circa 40 Minuten bei mittlerer Hitze einkochen lassen, dabei gelegentlich umrühren.

Die Kartoffel schälen, waschen und in kleine Würfel schneiden. In reichlich Salzwasser 10 Minuten garen. Dann die Nudeln zufügen und weitere 10 Minuten kochen. Abschütten und abtropfen lassen.

Die Petersilie waschen, trockenschütteln und feinhacken. In die Sauce rühren.

Die Nudeln und Kartoffeln in einer vorgewärmten Schüssel mit der Sauce gut vermischen und sofort servieren.

Nährwerte pro Portion	
Kilokalorien	*500*
Kilojoule	*2090*
Eiweiß/g	*15*
Kohlenhydrate/g	*69*
Fett/g	*15*
Ballaststoffe/g	*7,7*

Spaghetti con broccoli alla siciliana

einfach
4 Portionen

1 kleine Zwiebel
2 Knoblauchzehen
1 frische Chilischote
3 EL Olivenöl
400 g geschälte Tomaten, abgetropft
400 g Brokkoli
30 g Rosinen
8 kleine Sardinen in Öl eingelegt
20 g Wacholderbeeren
30 g Pinienkerne
300 g Spaghetti
Einige Basilikumblätter

Die Zwiebel und die Knoblauchzehen abziehen und feinhacken. Die Chilischote der Länge nach aufschlitzen und entkernen, aber im ganzen lassen, damit sie später aus der Sauce wieder entfernt werden kann.

Das Olivenöl in einem weiten Topf erhitzen, Zwiebel und Knoblauch darin glasig andünsten und die grob gehackten Tomaten zugeben. Die Chilischote einlegen und die Sauce schwach salzen. Bei schwacher Hitze im offenen Topf köcheln lassen.

Die Brokkoli putzen, in mundgerechte Röschen und Stücke zerteilen und in schwach gesalzenem Wasser halbgar kochen. Brokkoli mit einer Schaumkelle herausheben und zu der Tomatensauce geben. Das Kochwasser aufheben! Die Brokkoli in der Sauce weitere 5 Minuten garen, dabei den Topf nur leicht rütteln, damit die Röschen nicht zerbrechen.

Die Rosinen heiß brühen. Die abgetropften Sardinenfilets mit einer Gabel zerdrücken. Die Wacholderbeeren grob hacken. Rosinen, Sardinen, Wacholderbeeren und die Pinienkerne vorsichtig unter die Sauce mischen und mit Salz und Pfeffer abschmecken.

Für die Spaghetti die Brokkolibrühe mit zusätzlichem Wasser und etwas Salz aufkochen und die Spaghetti darin bißfest garen. Die Spaghetti abgießen.

Die Chilischote aus der Sauce entfernen und die Hälfte der Sauce – ohne Brokkoli – in einer vorgewärmten Schüssel mit den Nudeln vermischen. Die restliche Sauce mit den Brokkoli darauf anrichten und mit Basilikumblättchen garnieren.

Nährwerte pro Portion	
Kilokalorien	570
Kilojoule	2400
Eiweiß/g	19
Kohlenhydrate/g	63
Fett/g	24
Ballaststoffe/g	6,6

NUDELN
MIT FISCH UND MEERESFRÜCHTEN

Millerighe alla pizzaiola

einfach, Blitzrezept
4 Portionen

1 Zwiebel
2 Knoblauchzehen
6 Sardellenfilets in Öl
4 EL Olivenöl
1 große Dose geschälte Tomaten, 800 g
Salz
frisch gemahlener Pfeffer
100 g schwarze Oliven ohne Stein
2 EL Kapern
350 g Millerighe
1 Bund glatte Petersilie
75 g geriebener Parmesan

Die Zwiebel und die Knoblauchzehen abziehen und feinhacken. Die Sardellenfilets in circa 3 cm lange Stücke schneiden.

In einer Schmorpfanne das Olivenöl erhitzen, Zwiebel und Knoblauch darin goldgelb braten. Die geschälten Tomaten samt Saft dazugeben, Tomaten mit einer Gabel am Pfannenrand zerdrücken. Die Sardellenfilets untermischen, mit Salz und Pfeffer würzen und bei mittlerer Hitze circa 30 Minuten köcheln, bis die Sauce eindickt.

Die Oliven halbieren und mit den Kapern zur Sauce geben. Auf kleiner Flamme warm halten. Inzwischen die Nudeln in kochendem Salzwasser etwa 10 Minuten garen. Dann die Nudeln abgießen, kurz abtropfen lassen.

Die Petersilie waschen, trockenschütteln und hacken. In einer vorgewärmten Schüssel die Nudeln mit der Petersilie und dem Käse vermischen und die Sauce darauf anrichten.

Nährwerte pro Portion	
Kilokalorien	600
Kilojoule	2510
Eiweiß/g	21
Kohlenhydrate/g	67
Fett/g	24
Ballaststoffe/g	6,0

Bandnudeln mit Schneckensahne

einfach, Blitzrezept
4 Portionen

4 Dutzend Schnecken aus der Dose	
1 EL Butter	
2 Knoblauchzehen	
⅛ l trockener Weißwein	
400 g Schlagsahne	
300 g feine Bandnudeln oder Spaghetti	
Salz	
frisch gemahlener schwarzer Pfeffer	
1 Bund Basilikum	

Die Schnecken abgießen und grob hacken. Die Butter in einem Topf schmelzen. Die Knoblauchzehen abziehen, pressen und in der Butter anschwitzen. Die Schnecken zugeben und kurz schwenken.

Den Weißwein angießen, bei starker Hitze um die Hälfte einkochen lassen. Die Sahne angießen, die Hitze herunterschalten und die Sauce 10 Minuten köcheln lassen. Sie wird dabei etwas dicker und cremig.

Inzwischen die Nudeln in Salzwasser bißfest kochen.

Die Schneckensauce mit Salz und Pfeffer abschmecken. Basilikum waschen, trockenschütteln, hacken und unterrühren.

In einer vorgewärmten Schüssel die abgetropften Nudeln mit der Schneckensauce mischen und sofort servieren.

Nährwerte pro Portion	
Kilokalorien	720
Kilojoule	3000
Eiweiß/g	28
Kohlenhydrate/g	59
Fett/g	37
Ballaststoffe/g	2,4

NUDELN
MIT FISCH UND MEERESFRÜCHTEN

Spaghetti ai frutti di mare

Spaghetti mit Meeresfrüchten

einfach, Blitzrezept
4 Portionen

500 g gemischte Meeresfrüchte (Tiefgefroren oder aus dem Glas, im eigenen Saft, zum Beispiel Garnelen, Miesmuscheln und Tintenfische)
3 Knoblauchzehen
4 EL Olivenöl
300 g geschälte Tomaten, abgetropft
Salz
frisch gemahlener schwarzer Pfeffer
350 g Spaghetti
1 Bund Petersilie

Die Meeresfrüchte auftauen, beziehungsweise abtropfen lassen und eventuell noch zerkleinern.

Die Knoblauchzehen abziehen, aber ganz lassen. Das Olivenöl erhitzen und die Knoblauchzehen darin bei mittlerer Hitze dünsten – sie dürfen nicht schwarz werden. Dann die Zehen aus dem Öl entfernen.

Die abgetropften Meeresfrüchte bei starker Hitze im Öl 1 bis 2 Minuten braten und dabei ständig wenden. Dann die Tomaten zugeben und am Pfannenrand zerdrücken. Schwach salzen und pfeffern und das Ragout bei mäßiger Hitze 10 Minuten köcheln lassen.

In der Zwischenzeit die Spaghetti in sprudelndem Salzwasser bißfest kochen.

Inzwischen die Petersilie waschen, trockenschütteln und die Blätter hacken.

Die fertigen Spaghetti abgießen, in einer vorgewärmten Schüssel mit dem Meeresfrüchteragout vermischen und mit der gehackten Petersilie bestreuen.

Nährwerte pro Portion	
Kilokalorien	550
Kilojoule	2310
Eiweiß/g	29
Kohlenhydrate/g	66
Fett/g	15
Ballaststoffe/g	3,8

Spaghetti in der Folie

einfach, braucht Zeit
4 Portionen

500 g gemischte Muscheln
250 g kleine Tintenfische
250 g Garnelen
1 frische rote Chilischote
2 Knoblauchzehen
1 Schalotte
3 EL Olivenöl
2 EL frisches Basilikum
1 Bund glatte Petersilie
200 g Schlagsahne
1 kleine Dose gewürfelte Tomaten, 400 g
Salz
frisch gemahlener Pfeffer
300 g Spaghetti
Öl für die Folie

Die Muscheln gründlich putzen und waschen. Die Tintenfische und die Garnelen waschen, Tintenfische in mundgerechte Stücke schneiden.

Die Chilischote halbieren, die Kerne entfernen und die Schote feinhacken. Die Knoblauchzehen und die Schalotte abziehen und feinhacken.

In einem großen Topf das Olivenöl erhitzen. Chilischote, Knoblauch und Schalotte darin andünsten. Muscheln, Tintenfische und Garnelen zufügen und zugedeckt 5 Minuten bei großer Hitze garen. Dabei den Topf ab und zu schütteln.

Das Basilikum und die Petersilie waschen, trockenschütteln und grob hacken. Die Kräuter, die Sahne und die gewürfelten Tomaten unter die Meeresfrüchte mischen, mit Salz und Pfeffer würzen. Alles bei kleiner Hitze im geschlossenen Topf weitere 15 Minuten garen.

Die Spaghetti in kochendem Salzwasser 6 bis 8 Minuten bißfest garen.

Fertige Nudeln abschütten und kurz abtropfen lassen. Dann in den Topf zu den übrigen Zutaten umfüllen und alles gründlich vermengen.

Ein Backblech mit dicker Alufolie auslegen, Folie mit Öl bestreichen. Spaghetti mit Meeresfrüchten und der Sauce auf die Mitte der Alufolie häufen. Die Folie so über den Spaghetti zusammenfalten, daß kein Dampf entweichen kann.

Im vorgeheizten Backofen bei 175 °C circa 15 Minuten backen. Dann die Folie auf eine Servierplatte gleiten lassen und erst am Tisch öffnen.

Nährwerte pro Portion	
Kilokalorien	720
Kilojoule	3020
Eiweiß/g	55
Kohlenhydrate/g	65
Fett/g	21
Ballaststoffe/g	3,9

NUDELN MIT FISCH UND MEERESFRÜCHTEN

Spaghettini alle vongole

einfach, Blitzrezept
4 Portionen

| 1 kg frische Vongole veraci |
| ¼ l trockener Weißwein |
| 1 mittelgroße Zwiebel |
| 2–3 Knoblauchzehen |
| 2 Bund glatte Petersilie |
| 4 EL Olivenöl |
| Salz |
| 350 g Spaghettini |
| 1 EL Zitronensaft |
| grob gemahlener schwarzer Pfeffer |

Die Muscheln gründlich unter fließendem kaltem Wasser waschen, eventuell abbürsten und bereits geöffnete Muscheln wegwerfen.

Den Weißwein in einem Topf aufkochen, die Muscheln zugeben, den Deckel schließen und die Muscheln 4 Minuten bei guter Hitze garen. Dabei mehrmals den Topf rütteln. Muscheln, die danach nicht geöffnet sind, wegwerfen. Die Muscheln aus dem Topf heben, den Sud durch ein feines Haarsieb abgießen und auffangen. Den Topf mit heißem Wasser spülen, die Muscheln wieder hineingeben und den Deckel schließen.

Die Zwiebel und die Knoblauchzehen abziehen und sehr fein hacken. Die Petersilie waschen, trockenschütteln und die Blätter hacken.

Das Olivenöl in einem Topf erhitzen und Zwiebel, Knoblauch und zwei Drittel der Petersilie darin andünsten. Den Muschelsud angießen und bei schwacher Hitze etwas einköcheln lassen.

Reichlich Salzwasser zum Kochen bringen und die Spaghettini in 6 bis 8 Minuten bißfest garen.

Die Sauce über die Muscheln gießen und mit ihnen vermischen. Mit Zitronensaft und reichlich frisch gemahlenem schwarzen Pfeffer würzen und im geschlossenen Topf kurz erhitzen.

Die Spaghettini abgießen, gut abtropfen lassen und mit den Muscheln vermengen. Das Gericht in 4 vorgewärmten Suppentellern anrichten und die restliche gehackte Petersilie darüberstreuen.

Spaghetti mit Muscheln

einfach
4 Portionen

1,5 kg gemischte Muscheln
1 Stange Lauch
1 Stange Staudensellerie
1 Möhre
1 Fleischtomate
4 Schalotten
1 Knoblauchzehe
5 EL Olivenöl
1 Kräutersträußchen
¼ l Weißwein
Salz
frisch gemahlener Pfeffer
350 g Spaghetti
1 frische rote Chilischote
1 Bund glatte Petersilie

Die Muscheln gründlich putzen und waschen. Nicht ganz geschlossene Muscheln wegwerfen.

Den Lauch putzen und halbieren. Die Staudensellerie abziehen. Lauch und Sellerie waschen. Die Möhre schälen und halbieren. Die Tomate waschen und vierteln. Lauch, Sellerie, Möhre und Tomate in kleine Würfel schneiden. Die Schalotten und die Knoblauchzehe abziehen und hacken.

In einer Kasserolle 2 Eßlöffel Olivenöl erhitzen und das Gemüse mit dem Kräutersträußchen darin unter ständigem Rühren 5 Minuten dünsten.

Den Weißwein zugießen. Sud mit Salz und Pfeffer würzen. Die Muscheln hineingeben und bei großer Hitze im geschlossenen Topf kochen, dabei den Topf ab und zu schütteln. Die fertigen Muscheln im Sud warm halten.

Die Spaghetti in kochendem Salzwasser 8 Minuten bißfest garen. In einen Durchschlag abschütten und kurz abtropfen lassen.

Die Chilischote halbieren, sorgfältig das Kerngehäuse entfernen.

Die Petersilie waschen, trockenschütteln und feinhacken.

In einer großen, weiten Pfanne das restliche Olivenöl erhitzen, Chilischote kurz darin andünsten. Die Muscheln mit einem Schaumlöffel aus dem Sud heben und zusammen mit den Nudeln in die Pfanne geben. Alles vorsichtig vermischen und mit der Petersilie bestreuen.

Nährwerte pro Portion
Kilokalorien	530
Kilojoule	2210
Eiweiß/g	27
Kohlenhydrate/g	67
Fett/g	13
Ballaststoffe/g	2,8

Nährwerte pro Portion
Kilokalorien	520
Kilojoule	2190
Eiweiß/g	21
Kohlenhydrate/g	69
Fett/g	15
Ballaststoffe/g	3,3

NUDELN
MIT FISCH UND MEERESFRÜCHTEN

Tagliatelle mit Avocadocreme und Garnelen

einfach
4 Portionen

12 frische Garnelenschwänze	
350 g Tagliatelle	
Salz	
3 EL Öl	
200 g Cocktail-Tomaten	
2 Schalotten	
2 Knoblauchzehen	
2 Avocados	
Saft von 1½ Zitronen	
frisch gemahlener weißer Pfeffer	
2–3 Spritzer Tabasco	
1 Bund Schnittlauch	
½ Bund Koriander	

Die Garnelen in kochendes Wasser werfen und 4 Minuten ziehen lassen. Schälen und der Länge nach halbieren.
   Die Tagliatelle in kochendem Salzwasser 5 bis 7 Minuten bißfest garen. Dann abschütten, kräftig mit kaltem Wasser abschrecken und abtropfen lassen. In einer Schüssel mit 1 Eßlöffel Öl vermischen und auskühlen lassen.
   Die Tomaten waschen, trockentupfen und vierteln.
   Die Schalotten und die Knoblauchzehen abziehen. Die Avocados halbieren, den Stein entfernen und das Fruchtfleisch mit einem Löffel aus der Schale lösen. Im Mixer Schalotten, Knoblauchzehen, Avocadofleisch, Saft von 1 Zitrone, das restliche Öl, Salz, Pfeffer und Tabasco pürieren.

Was unterscheidet einen Mailänder von einem Sizilianer? Die Pasta. Während man im Norden Italiens die flachen, eierhaltigen Bandnudeln wie Tagliatelle und Lasagne vorzieht, erwärmt man sich im Süden für die röhrenförmigen Nudeln, mit denen man so herrlich viel Tomatensauce gabeln kann.

Den Schnittlauch und den Koriander waschen und trockenschütteln. Schnittlauch in feine Röllchen schneiden, Korianderblättchen von den Stengeln zupfen.

In einer Schüssel die Nudeln mit dem restlichen Zitronensaft, den Kräutern, den Tomaten und den Garnelen mischen. Dabei 4 Garnelenhälften zur Dekoration übriglassen. Nudeln auf 4 Tellern anrichten. Jeweils in die Mitte das Avocadopüree geben und mit je 1 Garnelenhälfte garnieren.

Nährwerte pro Portion	
Kilokalorien	670
Kilojoule	2830
Eiweiß/g	23
Kohlenhydrate/g	68
Fett/g	30
Ballaststoffe/g	5,7

Quadretti mit Hummerkrabben

einfach, Blitzrezept
4 Portionen

500 g frische Hummerkrabbenschwänze
Salz
1 Lorbeerblatt
½ TL provenzalische Kräuter
1 El Weißweinessig
1 Knoblauchzehe
1 Schalotte
4 EL Olivenöl
1 kleine Dose gewürfelte Tomaten, 400 g
1 Prise Zucker
frisch gemahlener Pfeffer
350 g Quadretti (viereckige Spaghetti)
1 Bund glatte Petersilie

Die Hummerkrabben waschen. In einem Topf ½ Liter Wasser mit etwas Salz, dem Lorbeerblatt, den Kräutern und dem Weißweinessig zum Kochen bringen. Hummerkrabben darin 4 Minuten ziehen lassen, das Wasser soll nicht mehr kochen.

Hummerkrabben herausheben und etwas abkühlen lassen. Anschließend schälen, der Länge nach halbieren und den Darm entfernen.

Die Knoblauchzehe und die Schalotte abziehen und sehr fein hacken. Das Olivenöl in einer Kasserolle erhitzen, Knoblauch und Schalotte darin goldgelb dünsten. Die Tomaten zugießen, mit Salz, Zucker und Pfeffer würzen. Tomatensauce bei kleiner Hitze etwas einkochen.

In der Zwischenzeit die Quadretti in kochendem Salzwasser 10 bis 12 Minuten bißfest garen. Nudeln abschütten und kurz abtropfen lassen.

Die Petersilie waschen, trockenschütteln und feinhacken. Unter die Sauce mischen. Hummerkrabben hineingeben und in der Sauce noch einmal kurz erwärmen.

Die Nudeln auf 4 vorgewärmten Tellern anrichten, die Hummerkrabben um die Nudeln garnieren. Sauce in die Mitte geben und gleich servieren.

Nährwerte pro Portion	
Kilokalorien	530
Kilojoule	2240
Eiweiß/g	26
Kohlenhydrate/g	65
Fett/g	15
Ballaststoffe/g	4

NUDELN
MIT FISCH UND MEERESFRÜCHTEN

104

Makkaroni mit Garnelen in Currysauce

einfach, Blitzrezept
4 Portionen

| 350 g Makkaroni |
| Salz |
| 300 g geschälte und gekochte Garnelen |
| ⅛ l Fischfond |
| 250 g Schlagsahne |
| ⅛ l Weißwein |
| 2 TL Curry |
| frisch gemahlener Pfeffer |
| 2 Eigelb |
| 75 g Parmesan |

Die Makkaroni in mundgerechte Stücke brechen. In kochendem Salzwasser 10 bis 12 Minuten bißfest garen.

Inzwischen die Hälfte der Garnelen mit dem Fischfond im Mixer pürieren.

Die Sahne in einem Topf erhitzen. Pürierte Garnelen, Weißwein und Curry unterrühren und bei kleiner Hitze cremig einkochen. Mit Salz und Pfeffer würzen.

Makkaroni in einen Durchschlag abgießen, kurz mit heißem Wasser durchspülen und abtropfen lassen.

Sauce vom Herd nehmen, das Eigelb und den Parmesan einrühren. Die restlichen Garnelen hineingeben. Alles noch einmal erwärmen, nicht mehr kochen.

Die Makkaroni in einer vorgewärmten Schüssel mit der Sauce gründlich vermischen und sofort servieren.

Nährwerte pro Portion
Kilokalorien	700
Kilojoule	2930
Eiweiß/g	31
Kohlenhydrate/g	65
Fett/g	29
Ballaststoffe/g	2,6

Bucatini mit Thunfisch

einfach, Blitzrezept
4 Portionen

| 1 große Zwiebel |
| 2 Knoblauchzehen |
| 1 EL Olivenöl |
| 1 kleine Dose gewürfelte Tomaten, 400 g |
| 3 EL Tomatenmark, 3fach konzentriert |
| 1 EL Kapern |
| 200 g Thunfisch in Öl |
| Salz |
| 1 Prise Zucker |
| frisch gemahlener Pfeffer |
| 350 g Bucatini |
| 2 EL frisches Basilikum |

Die Zwiebel und die Knoblauchzehen abziehen und hacken. Das Olivenöl in einer tiefen Pfanne erhitzen. Zwiebel und Knoblauch darin goldgelb dünsten. Die Tomaten samt Saft dazugießen, das Tomatenmark unterrühren und köcheln lassen.

Die Kapern hacken. Den Thunfisch in ein Sieb abgießen und etwas abtropfen lassen. Thunfisch mit einer Gabel zerpflücken. Kapern und Thunfisch zur Sauce geben, mit Salz, Zucker und Pfeffer abschmecken. Bei mittlerer Hitze die Sauce circa 10 Minuten einkochen.

In der Zwischenzeit die Bucatini in kochendem Salzwasser 9 bis 10 Minuten garen. Nudeln abgießen, kurz abtropfen lassen.

Das Basilikum waschen, trockenschütteln und in feine Streifen schneiden. Die Nudeln auf 4 vorgewärmte Teller verteilen, die Sauce darübergeben und mit dem Basilikum bestreuen.

Nährwerte pro Portion
Kilokalorien	520
Kilojoule	2160
Eiweiß/g	19
Kohlenhydrate/g	67
Fett/g	16
Ballaststoffe/g	4,7

Spaghetti Toscani

einfach, Blitzrezept
4 Portionen

| 2 Knoblauchzehen |
| 3 EL Olivenöl |
| 200 g pürierte Tomaten |
| 200 g Schlagsahne |
| Salz |
| frisch gemahlener Pfeffer |
| 350 g Spaghetti |
| 100 g geräucherter Lachs |
| 50 g schwarze Oliven ohne Stein |
| 1 EL frische Minzeblätter |

Die Knoblauchzehen abziehen und feinhacken. Das Olivenöl in einer tiefen Pfanne erhitzen und den Knoblauch darin goldgelb dünsten.

Die pürierten Tomaten und die Sahne angießen, mit Salz und Pfeffer würzen und bei kleiner Hitze köcheln lassen.

Die Spaghetti in kochendem Salzwasser 8 Minuten bißfest garen.

Den Lachs in feine Streifen schneiden. Die Oliven grob hacken. Die Minzeblätter waschen und hacken. Lachs, Oliven und Minze in die Sauce geben.

Spaghetti abschütten und kurz abtropfen lassen. In 4 vorgewärmte Teller verteilen und die Sauce darübergeben.

Nährwerte pro Portion
Kilokalorien	670
Kilojoule	2820
Eiweiß/g	19
Kohlenhydrate/g	67
Fett/g	33
Ballaststoffe/g	3,3

NUDELN
MIT FISCH UND MEERESFRÜCHTEN

Pasta nera con Moscardini

Schwarze Nudeln mit Tintenfisch

Färbt man den Nudelteig mit der Tinte eines frischen Tintenfisches, so verwendet man natürlich auch sein Fleisch. Da es aber einfacher ist, die abgepackte Tinte beim Fischhändler zu kaufen, empfehlen wir für dieses Gericht die winzig kleinen Moscardini. Es gibt sie schon gehäutet zu kaufen und sie sind besonders zart. Außer der Zubereitung des Nudelteigs ist das Gericht ein echtes Blitzrezept.

einfach
4 Portionen

Tagliolini von 400 g frischem schwarzem Nudelteig
12 Moscardini oder Polpetti
2 Knoblauchzehen
1 Bund glatte Petersilie
4 EL Olivenöl
Salz
frisch gemahlener schwarzer Pfeffer
50 g Pinienkerne

Den schwarzen Teig nach der Anleitung »Nudelteig färben« herstellen und mit der Nudelmaschine in Tagliolini schneiden.

Die Tintenfische waschen und ihre Säcke quer in Ringe schneiden. Den Kopf mit den 8 Fangarmen vierteln (nach Belieben den Oberkopf samt Maul wegschneiden).

Die Knoblauchzehen abziehen und feinhacken. Die Petersilie waschen, trockenschütteln, von den Stengeln streifen und grob hacken.

Das Olivenöl in einer Pfanne stark erhitzen und die Moscardini darin 1 Minute unter ständigem Rühren dünsten. Die Hitze zurückschalten, Knoblauch und Petersilie einrühren und mit Salz und Pfeffer würzen. Die Mischung auf kleiner Hitze warm halten.

In einer zweiten, trockenen, heißen Pfanne die Pinienkerne goldgelb rösten.

Die Tagliolini in sprudelndem Salzwasser 2 Minuten kochen und dann eine erste Garprobe machen. Nach spätestens 3 Minuten müßten sie bißfest sein. Gekochte Tagliolini abgießen, in der Pfanne mit den gewürzten Moscardini vermischen, mit den Pinienkernen bestreuen und sofort in 4 vorgewärmten Tellern servieren.

Nährwerte pro Portion	
Kilokalorien	*620*
Kilojoule	*2600*
Eiweiß/g	*28*
Kohlenhydrate/g	*73*
Fett/g	*20*
Ballaststoffe/g	*3,2*

Spaghetti alla veneziana

einfach, Blitzrezept
4 Portionen

6 Sardellenfilets in Öl
2 Zwiebeln
350 g Spaghetti
Salz
4 EL Olivenöl
frisch gemahlener Pfeffer

Die Sardellenfilets unter fließendem kaltem Wasser abspülen und trockentupfen. Die Zwiebeln abziehen. Sardellenfilets und Zwiebeln grob hacken.

Die Spaghetti in kochendem Salzwasser 8 Minuten bißfest garen.

In der Zwischenzeit in einer Pfanne das Olivenöl erhitzen. Sardellen und Zwiebeln darin unter Rühren 5 Minuten dünsten. Kräftig mit Pfeffer würzen.

Spaghetti abgießen und kurz abtropfen lassen. Zu den Sardellen in die Pfanne geben, alles gut vermischen. Auf 4 vorgewärmten Tellern anrichten.

Nährwerte pro Portion	
Kilokalorien	*470*
Kilojoule	*1960*
Eiweiß/g	*12*
Kohlenhydrate/g	*63*
Fett/g	*16*
Ballaststoffe/g	*3,3*

NUDELN
MIT FISCH UND MEERESFRÜCHTEN

Das richtige, bißfeste Garen der Nudeln »al dente« beherrschen die Italiener meisterhaft. Und die vernichtendste Kritik über die Kunstfertigkeit eines Koches ist die Behauptung, er koche am Montag bereits die Teigwaren für die ganze Woche vor.

Fettuccine mit Hummer

einfach
4 Portionen

2 mittelgroße gekochte TK-Hummer
1 Schalotte
1 EL Butter
¼ l Fischfond
200 ml Weißwein
250 g Schlagsahne
frisch gemahlener Pfeffer
Salz
1 Prise Zucker
2 cl Pernod
300 g Fettuccine
1 Bund glatte Petersilie

Die tiefgekühlten Hummer in einem Durchschlag auftauen. Anschließend auslösen und das Fleisch in Scheiben schneiden.
Die Schalotte abziehen und sehr fein hacken.
In einer Kasserolle die Butter zerlassen und die Schalotte darin glasig dünsten. Den Fischfond, den Weißwein und die Sahne angießen. Die Sauce bei kleiner Hitze so lange köcheln, bis die Flüssigkeit um ein Drittel reduziert ist.
Das Hummerfleisch in die Sauce legen und darin erwärmen, jedoch nicht mehr kochen lassen. Mit Pfeffer, Salz, Zucker und Pernod abschmecken.
Die Fettuccine in kochendem Salzwasser 5 bis 7 Minuten bißfest garen. Abschütten und abtropfen lassen.

Die Petersilie waschen, trockenschütteln und feinhacken. Nudeln in eine vorgewärmte Schüssel umfüllen, die Hummersauce darüber verteilen und vorsichtig unterheben. Mit der Petersilie bestreuen und gleich servieren.

Nährwerte pro Portion	
Kilokalorien	600
Kilojoule	2500
Eiweiß/g	26
Kohlenhydrate/g	56
Fett/g	26
Ballaststoffe/g	2,4

Arlechini mit Safranmuscheln

einfach, braucht Zeit
4 Portionen

200 g frischer schwarzer Nudelteig, mit Fischtinte gefärbt
200 g frischer gelber Nudelteig, mit Safran gefärbt
1 kg frische kleine Miesmuscheln
300 ml trockener Weißwein
2 Möhren
2 Stengel Sellerie
2 Knoblauchzehen
2 Bund glatte Petersilie
4 EL Olivenöl
1 g Safran
frisch gemahlener Pfeffer

Aus jedem Teig mit Hilfe der Nudelmaschine lange, nicht zu dünne Teigplatten walzen. Die Platten quer in Stücke von circa 10 cm Länge teilen. Abwechselnd gelbe und schwarze Teigstücke aneinandersetzen, dabei die Kanten mit

dem feuchten Pinsel bestreichen und etwa 1 cm übereinanderlegen. Die gestreiften Teigplatten beliebig dünn

auswalzen, antrocknen lassen und dann zu Bandnudeln schneiden.

Die Muscheln waschen, putzen und die Bärte entfernen.

Den Weißwein in einem weiten flachen Topf aufkochen, die Muscheln auf einmal zugeben und den Deckel sofort schließen. Die Muscheln bei starker Hitze 4 Minuten dünsten und dabei den Topf immer wieder rütteln. Alle Muscheln, die nach der Garzeit nicht geöffnet sind, wegwerfen!

Die geöffneten Muscheln aus dem Sud heben. Den Sud durch ein Haarsieb abgießen. Den Topf spülen, die Muscheln wieder einlegen und den Deckel schließen, um sie warm zu halten.

Die Möhren schälen und waschen, die Selleriestengel waschen und die Fäden abziehen, die Knoblauchzehen abziehen. Alles sehr fein hacken.

Die Petersilie waschen, trockenschütteln und die Blätter hacken.

Das Olivenöl in einem kleinen Topf erhitzen, Möhren, Sellerie, Knoblauch und Petersilie darin andünsten. Den Safran mit dem Muschelsud verrühren und zu dem Gemüse gießen. Die Sauce kräftig mit Salz und Pfeffer abschmecken und bei schwacher Hitze köcheln lassen.

Die Harlekinnudeln in sprudelndem Salzwasser bißfest kochen. Nach 2 Minuten eine erste Garprobe machen. Die fertigen Nudeln in einen Durchschlag abgießen.

Inzwischen die Safransauce über die Muscheln gießen, noch etwas frisch gemahlenen Pfeffer darüberstreuen und die Sauce mit den Muscheln einmal aufkochen lassen.

Die Harlekinnudeln mit Muscheln und Sauce in 4 vorgewärmten Tellern anrichten und sofort servieren.

Nährwerte pro Portion	
Kilokalorien	*520*
Kilojoule	*2160*
Eiweiß/g	*24*
Kohlenhydrate/g	*54*
Fett/g	*20*
Ballaststoffe/g	*3,0*

NUDELN MIT FISCH UND MEERESFRÜCHTEN

Chinesische Nudeln mit Garnelen, Huhn und Gemüse

einfach, braucht Zeit
4 Portionen

250 g Hühnerbrust ohne Knochen	
100 g Bambussprossen	
100 g Wasserkastanien	
3 EL Sojasauce	
3 EL halbtrockener Sherry	
10 g getrocknete chinesische Pilze	
2 Möhren	
1 TL Ingwerpulver	
Salz	
frisch gemahlener Pfeffer	
½ TL Glutamat	
3 Frühlingszwiebeln	
200 g Wurzelspinat	
1 EL Öl	
100 g Sojabohnenkeime	
⅛ l Geflügelbrühe	
250 g geschälte Shrimps	
250 g frische chinesische Eiernudeln	

Das Hühnerfleisch waschen, trockentupfen und in feine Streifen schneiden. Die Bambussprossen in schmale Streifen, die Wasserkastanien in dünne Scheiben schneiden.

Hühnerfleisch mit der Sojasauce und dem Sherry gut verrühren. Bambussprossen und Wasserkastanien zufügen.

Die Pilze in lauwarmem Wasser nach Packungsanleitung einweichen.

Die Möhren putzen und in feine Streifen schneiden. Zum Hühnerfleisch geben. Alles mit Ingwerpulver, Salz, Pfeffer und Glutamat würzen und 30 Minuten marinieren.

Die Frühlingszwiebeln putzen und in feine Ringe schneiden. Den Spinat putzen, waschen und abtropfen lassen. Die eingeweichten Pilze abschütten, abtropfen lassen und mit dem Spinat grob hacken.

Das Öl in einer tiefen Pfanne erhitzen. Die marinierte Hühnerfleischmischung darin anbraten. Frühlingszwiebeln und Sojabohnenkeime dazugeben. Die Fleischbrühe angießen. Alles 10 Minuten köcheln.

Dann die Shrimps, Pilze und Spinat beifügen. Bei kleiner Hitze weitere 5 Minuten garen.

Inzwischen die Eiernudeln in kochendem Salzwasser nach Packungsanleitung garen. Nudeln abgießen und abtropfen lassen.

Die Nudeln auf vier vorgewärmten Tellern anrichten und das Gemüse mit Huhn und Shrimps darüber verteilen.

Nährwerte pro Portion	
Kilokalorien	490
Kilojoule	2060
Eiweiß/g	38
Kohlenhydrate/g	61
Fett/g	7
Ballaststoffe/g	5

Chinesische Nudeln mit Ei, Frühlingszwiebeln und Garnelen

einfach, Blitzrezept
4 Portionen

3 Frühlingszwiebeln	
½ Knolle frischer Ingwer	
250 g chinesische Eiernudeln	
Salz	
1 EL Butterschmalz	
4 Eier	
200 g gekochte und geschälte Garnelen	
2 EL Austernsauce	

Die Frühlingszwiebeln putzen, waschen und halbieren. In 3 cm lange Stücke, anschließend in feine Streifen schneiden. Den Ingwer schälen und feinhacken.

Die Eiernudeln in kochendem Salzwasser nach Anleitung garen. In einen Durchschlag abschütten und abtropfen lassen.

In einer tiefen Pfanne oder einem Wok das Schmalz erhitzen. Frühlingszwiebeln und Ingwer unter Rühren einige Minuten darin dünsten.

Die Eier verquirlen.

Nudeln und Garnelen zu den Frühlingszwiebeln in die Pfanne geben. Die Eier unter die übrigen Zutaten rühren und das Ei stocken lassen.

Die Austernsauce über die Nudelmasse geben, alles noch einmal durchrühren und sofort servieren.

Nährwerte pro Portion	
Kilokalorien	420
Kilojoule	1750
Eiweiß/g	25
Kohlenhydrate/g	45
Fett/g	12
Ballaststoffe/g	2,4

NUDELN
MIT FLEISCH UND GEFLÜGEL

In Neapel, heute noch Zentrum der Massenproduktion von Makkaroni und Spaghetti, begann im 19. Jahrhundert mit der Erfindung der Walz- und Knetmaschinen die fabrikmäßige Herstellung von Nudeln. Fast jede Packung zierte die Ansicht der Bucht von Neapel mit der Rauchfahne über dem Vesuv. Die industrielle Fertigung machte die Pasta endgültig zu einem preiswerten Alltagsgericht.

Pappardelle all'anatra

Breite Bandnudeln mit Entenragout

einfach, braucht Zeit
6 Portionen

1 Ente mit Innereien, ca. 1,2 kg
1 große Zwiebel
1 Knoblauchzehe
1 Möhre
1 Stengel Sellerie oder 50 g Sellerieknolle
4 EL Olivenöl
100 ml trockener Weißwein
1 EL Tomatenmark
1 Lorbeerblatt
4 Salbeiblätter
1 kleiner Rosmarinzweig
1 TL Thymian
Salz
¼ l Fleischbrühe
frisch gemahlener schwarzer Pfeffer
1 Bund glatte Petersilie
300 g Pappardelle oder andere breite Bandnudeln
80 g frisch geriebener Parmesankäse

Ente innen und außen sorgfältig waschen, trockentupfen und in 8 Stücke zerteilen. Die Innereien waschen und die Leber beiseite legen, Herz und Magen grob hacken.

Die Zwiebel und die Knoblauchzehe abziehen und feinhacken. Die Möhre und den Sellerie schälen und ebenfalls feinhacken. Das Olivenöl in einem großen Topf erhitzen und zunächst die Enteneile darin rundherum anbraten. Dann die gehackten Innereien zugeben, den Weißwein angießen und einkochen lassen.

Das Tomatenmark mit Wasser glattrühren und in den Topf geben. Das Lorbeerblatt einlegen. Den Salbei grob hacken und mit dem Rosmarinzweig und dem Thymian zugeben. Vorsichtig mit Salz würzen und das Ragout zugedeckt bei schwacher Hitze 1½ Stunden schmoren lassen. Ab und zu umrühren und etwas Fleischbrühe angießen.

Wenn das Fleisch weich ist, die Enteneile herausheben und alle Knochen auslösen. Das Entenfleisch und die kleingeschnittene Leber wieder in den Topf geben und das Ragout mit Salz und Pfeffer abschmecken.

Die Petersilie waschen, trockenschütteln und die Blätter feinhacken.

Das Lorbeerblatt und den Rosmarinzweig aus dem Ragout entfernen und die Petersilie einrühren.

Die Pappardelle in sprudelndem Salzwasser bißfest kochen, abgießen und in eine vorgewärmte Schüssel füllen. Das Ragout daraufgeben. Nach Belieben den Parmesankäse darüberstreuen oder getrennt dazu reichen.

Nährwerte pro Portion	
Kilokalorien	790
Kilojoule	3290
Eiweiß/g	30
Kohlenhydrate/g	37
Fett/g	52
Ballaststoffe/g	2,4

NUDELN MIT FLEISCH UND GEFLÜGEL

Cavatellucci mit Rouladen

einfach, braucht Zeit
4 Portionen

200 g Schweinefilet
4 dünne Kalbsschnitzel à 125 g
Salz
frisch gemahlener Pfeffer
70 g Parmesan
1 Bund glatte Petersilie
8 Scheiben Frühstücksspeck
1 große Zwiebel
3 EL Öl
200 ml Rotwein
1 große Dose geschälte Tomaten, 800 g
250 g Cavatellucci

Das Schweinefilet in 4 gleich große Scheiben schneiden. Filetscheiben und die Kalbsschnitzel flachklopfen, mit Salz und Pfeffer würzen.

Von dem Parmesan mit einem Sparschäler dünne Späne abziehen. Die Petersilie waschen, trockenschütteln und feinhacken. Den Frühstücksspeck, Parmesan und Petersilie auf den Fleischscheiben verteilen. Die Rouladen einzeln aufrollen und mit Küchengarn zusammenbinden.

Die Zwiebel abziehen und hacken.

Das Öl in einer tiefen Pfanne erhitzen. Die Rouladen darin von allen Seiten braun anbraten, dann die Zwiebel zufügen und kurz mitdünsten. Mit dem Rotwein ablöschen. Die Tomaten samt Saft zugeben, Tomaten mit einer Gabel am Pfannenrand zerdrücken.

Alles zugedeckt bei kleiner Hitze circa 1 Stunde schmoren.

Anschließend die Rouladen herausheben. Die Sauce mit dem Pürierstab pürieren und die Rouladen darin bei kleiner Hitze warm halten.

Die Nudeln in kochendem Salzwasser circa 12 Minuten bißfest garen. Abgießen und kurz abtropfen lassen. In einer vorgewärmten Schüssel Nudeln und Sauce mischen und die Rouladen darauf anrichten.

Nährwerte pro Portion	
Kilokalorien	870
Kilojoule	3650
Eiweiß/g	53
Kohlenhydrate/g	50
Fett/g	45
Ballaststoffe/g	5

Nudelhuhn in Safransauce

einfach, braucht Zeit
4 Portionen

1 Poularde, ca. 1,2 kg
Salz
frisch gemahlener Pfeffer
1 Zwiebel
100 g Butter
¼ l Weißwein
¼ l Geflügelfond
1 g Safran in Fäden
250 g Crème fraîche
250 g Bandnudeln
1 Bund Schnittlauch

Die Poularde innen und außen waschen, trockentupfen und in 8 Portionsstücke zerteilen. Mit Salz und Pfeffer einreiben.

Die Zwiebel abziehen und feinhacken.

In einer ofenfesten tiefen Pfanne die Butter zerlassen. Hühnerteile bei mittlerer Hitze von allen Seiten in der Butter goldbraun anbraten. Dann die Zwiebel zufügen und kurz mitbraten, jedoch nicht braun werden lassen.

Die Pfanne zugedeckt in den vorgewärmten Backofen stellen und bei 220 °C circa 30 Minuten garen. Dann die Hühnerteile aus der Pfanne heben und im abgeschalteten Backofen warm halten.

Die Schmorflüssigkeit entfetten und auf dem Herd wieder zum Kochen bringen. Den Weißwein, Geflügelfond, Safran und die Crème fraîche einrühren. Sauce cremig einkochen lassen, mit Salz und Pfeffer abschmecken.

In kochendem Salzwasser die Bandnudeln 10 bis 12 Minuten bißfest garen. Abschütten und kurz abtropfen lassen.

Den Schnittlauch waschen, trockentupfen und in feine Röllchen schneiden.

Nudeln in der Sauce noch einmal kurz erwärmen. Die Hühnerteile und die Nudeln auf 4 vorgewärmten Tellern anrichten und mit dem Schnittlauch bestreuen. Heiß servieren.

Dazu als Beilage Kopfsalat mit Zitronen-Kräuterdressing reichen.

Nährwerte pro Portion	
Kilokalorien	990
Kilojoule	4150
Eiweiß/g	39
Kohlenhydrate/g	47
Fett/g	66
Ballaststoffe/g	2,3

NUDELN MIT FLEISCH UND GEFLÜGEL

Tagliatelle mit geschmortem Kalbfleisch

einfach, braucht Zeit
4 Portionen

500 g Kalbfleisch	
2 Zwiebeln	
75 g Butter	
⅛ l Weißwein	
¼ l Kalbsfond	
2 EL feine Kapern	
Salz	
frisch gemahlener weißer Pfeffer	
2 EL Crème double	
Saft von ½ Zitrone	
1 Prise Zucker	
350 g Tagliatelle	

Das Kalbfleisch waschen, trockentupfen und in kleine Würfel schneiden. Die Zwiebeln abziehen und grob hacken.

In einer großen Kasserolle die Butter zerlassen und das Fleisch von allen Seiten darin anbraten. Zwiebel zufügen und einige Minuten unter Rühren mitbraten. Mit Weißwein ablöschen und den Kalbsfond zugießen. Mit den Kapern, Salz und Pfeffer würzen und zugedeckt bei mittlerer Hitze circa 1 Stunde sanft köcheln, bis das Fleisch butterweich ist.

Die Crème double und den Zitronensaft unterrühren. Sauce mit Zucker, Salz und Pfeffer abschmecken und etwas einkochen lassen.

Inzwischen die Tagliatelle in kochendem Salzwasser 5 bis 7 Minuten bißfest garen. Nudeln in einen Durchschlag abgießen und kurz abtropfen lassen. In eine vorgewärmte Schüssel umfüllen, Kalbfleisch und Sauce darüber verteilen und alles gründlich vermengen.

Nährwerte pro Portion	
Kilokalorien	700
Kilojoule	2920
Eiweiß/g	35
Kohlenhydrate/g	64
Fett/g	29
Ballaststoffe/g	3,3

Bandnudeln mit Putenleber

einfach, Blitzrezept
4 Portionen

400 g frische Putenleber	
2 Schalotten	
1,2 l Wildfond aus dem Glas	
300 g Bandnudeln	
1 EL Butter	
Salz	
frisch gemahlener weißer Pfeffer	
½ TL getrockneter Thymian	
60 g geriebener Parmesan	

Die Häutchen von der Putenleber entfernen. Leber in feine Streifen schneiden.

Die Schalotten abziehen und feinhacken.

Den Wildfond in einem Topf zum Kochen bringen. Die Bandnudeln hineingeben und nach Packungsvorschrift kochen. Während des Kochens gelegentlich umrühren.

Inzwischen in einer Pfanne die Butter erhitzen. Leber und Schalotten darin 3 Minuten unter Rühren

braten. Vom Herd nehmen und mit Salz, Pfeffer und Thymian würzen.

Die fertigen Nudeln mit der Leber und der restlichen Garflüssigkeit auf vier Suppenteller verteilen und mit frisch geriebenem Parmesan bestreuen. Sofort servieren.

Nährwerte pro Portion	
Kilokalorien	*520*
Kilojoule	*2160*
Eiweiß/g	*36*
Kohlenhydrate/g	*55*
Fett/g	*13*
Ballaststoffe/g	*2,3*

Linguine mit Zucchiniblüten

einfach

4 Portionen

16 Zucchiniblüten
150 g Frühstücksspeck
1 Zwiebel
1 Knoblauchzehe
1 große Dose geschälte Tomaten, 800 g
2 EL Olivenöl
1 EL Tomatenmark, 3fach konzentriert
1 Prise Zucker
Salz
frisch gemahlener Pfeffer
350 g Linguine
75 g Parmesan

Die Zucchiniblüten halbieren, waschen und in einem Sieb abtropfen lassen. Den Frühstücksspeck in schmale Streifen schneiden. Die Zwiebel und die Knoblauchzehe abziehen und hacken.

Die Tomaten in ein Sieb schütten, abtropfen lassen und kleinschneiden.

In einer tiefen Pfanne das Olivenöl erhitzen, den Frühstücksspeck darin auslassen, dann Zwiebel und Knoblauch zufügen und unter Rühren glasig dünsten.

Die Tomaten dazugeben, die Sauce mit Tomatenmark, Zucker, Salz und Pfeffer würzen und die Zucchiniblüten auf das Tomatenbett legen. Bei kleiner Hitze zugedeckt köcheln lassen.

Inzwischen die Linguine in kochendem Salzwasser circa 10 Minuten bißfest garen, abschütten und im Sieb abtropfen lassen. Die Nudeln auf 4 vorgewärmten Tellern mit der Sauce anrichten.

Den Parmesan getrennt dazu reichen.

Nährwerte pro Portion	
Kilokalorien	*730*
Kilojoule	*3070*
Eiweiß/g	*23*
Kohlenhydrate/g	*69*
Fett/g	*37*
Ballaststoffe/g	*7,6*

»Cuccagna« hieß das Schlaraffenland, von dem die arme Bevölkerung Italiens im 15. Jahrhundert träumte. Die krönende Herrlichkeit dieses Landes war ein riesiger Berg aus geriebenem Parmesan, von dem Bäche geschmolzener Butter voller Tortellini und Ravioli herabflossen.

NUDELN
MIT FLEISCH UND GEFLÜGEL

Malloreddus
Sardische Spezialität

einfach, Blitzrezept
4 Portionen

1 kleine Zwiebel
2 Knoblauchzehen
6 Blätter Basilikum
2 EL Olivenöl
150 g Bratwurstfüllung
800 g geschälte Tomaten mit Saft
Salz
frisch gemahlener schwarzer Pfeffer
400 g Malloreddus (ersatzweise andere kurze Teigwaren)
1 EL Butter
80 g frisch geriebener Pecorino

Die Zwiebel und die Knoblauchzehen abziehen und feinhacken. Die Basilikumblättchen in breite Streifen schneiden.

Das Öl in einer weiten Pfanne mit hohem Rand erhitzen und die Bratwurstfüllung darin krümelig anbraten. Zwiebel, Knoblauch und Basilikum zugeben und andünsten.

Die Tomaten grob hacken und samt Saft in die Pfanne geben. Die Sauce offen bei mittlerer Hitze dick einkochen, dann mit Salz und Pfeffer abschmecken.

Die Malloreddus in sprudelndem Salzwasser in circa 10 Minuten bißfest kochen und dann abgießen. Malloreddus in einer vorgewärmten Schüssel mit Butter, der Hälfte des Käses und der Sauce vermischen. Den restlichen Käse getrennt dazu reichen.

Nährwerte pro Portion	
Kilokalorien	660
Kilojoule	2770
Eiweiß/g	26
Kohlenhydrate/g	75
Fett/g	24
Ballaststoffe/g	5,8

Bucatini alla romana

einfach

4 Portionen

1 mittelgroße Zwiebel
30 g Butter
300 g TK-Erbsen
100 g geräucherter durchwachsener Speck
2 EL Olivenöl
Salz
400 g Bucatini (Makkaroni)
2 Eier
frisch gemahlener schwarzer Pfeffer
80 g frisch geriebener Parmesan oder Pecorino

Die Zwiebel abziehen und feinwürfeln. Die Butter in einem Topf zerlassen, die Zwiebel darin andünsten, die Erbsen zugeben und im geschlossenen Topf bei schwacher Hitze weichdünsten.

Den Speck feinwürfeln und in einer Pfanne im heißen Olivenöl braten. Die gedünsteten Erbsen in die Speckpfanne geben und die Mischung mit Salz abschmecken.

Die Nudeln in sprudelndem Salzwasser bißfest garen, abgießen und in eine vorgewärmte Schüssel füllen.

Inzwischen die Eier mit Salz und Pfeffer verrühren.

Das Erbsenragout, die Eier und den Reibkäse mit den Nudeln in der Schüssel vermischen und das Gericht sofort servieren.

Nährwerte pro Portion	
Kilokalorien	850
Kilojoule	3560
Eiweiß/g	31
Kohlenhydrate/g	85
Fett/g	38
Ballaststoffe/g	7,8

NUDELN
MIT FLEISCH UND GEFLÜGEL

Spaghetti mit Pilzragout

einfach
4 Portionen

| 100 g geräucherter durchwachsener Speck |
| 200 g frische Steinpilze oder braune Egerlinge |
| 1 Knoblauchzehe |
| 500 g geschälte Tomaten aus der Dose, abgetropft |
| 2 EL Olivenöl |
| Salz |
| frisch gemahlener schwarzer Pfeffer |
| 30 g Butter |
| 100 g TK-Erbsen |
| 100 ml trockener Weißwein |
| 150 g grüne Spaghetti |
| 150 g gelbe, normale Spaghetti |
| 80 g frisch geriebener Parmesankäse |

Den Speck feinwürfeln. Die Pilze putzen und in Scheiben schneiden. Die Knoblauchzehe abziehen und feinhacken. Die Tomaten grob hacken.

Das Olivenöl in einer Pfanne erhitzen und zuerst die Speckwürfel anbraten. Dann Knoblauch, Tomaten und Pilze zugeben. Die Mischung in der offenen Pfanne bei mittlerer Hitze 5 Minuten köcheln lassen. Dann mit Salz und Pfeffer abschmecken.

Die Butter in einem zweiten Topf zerlassen und die Erbsen zugeben. Den Weißwein angießen und die Erbsen kurz im zugedeckten Topf dünsten. Dann zu dem Pilzragout in die Pfanne geben.

Beide Nudelsorten in sprudelndem Salzwasser bißfest kochen, abgießen und in eine vorgewärmte Schüssel füllen. Die Hälfte des geriebenen Käses und des Pilzragouts mit 2 Gabeln locker unter die Spaghetti mischen. Das restliche Ragout darauf anrichten und die Spaghetti sofort servieren. Den restlichen Käse getrennt dazu reichen.

Nährwerte pro Portion	
Kilokalorien	690
Kilojoule	2880
Eiweiß/g	22
Kohlenhydrate/g	61
Fett/g	35
Ballaststoffe/g	6,6

Makkaroni mit Hackfleischsauce

einfach
4 Portionen

250 g Möhren
½ kleine Sellerieknolle
1 Petersilienwurzel
1 Zwiebel
2 EL Butterschmalz
350 g gemischtes Hackfleisch
Salz
frisch gemahlener Pfeffer
3 EL Tomatenmark, 3fach konzentriert
⅛ l Rotwein
200 g Schlagsahne
1 EL frischer Liebstöckel
300 g Makkaroni
100 g geriebener Emmentaler

Die Möhren, die Sellerieknolle und die Petersilienwurzel putzen, waschen und abtrocknen. Das Gemüse grob raspeln.
Die Zwiebel abziehen und hacken.
Das Butterschmalz in einer tiefen Pfanne erhitzen. Wurzelgemüse und Zwiebel darin anschwitzen. Das Hackfleisch dazugeben und 5 Minuten braten. Mit Salz, Pfeffer und Tomatenmark kräftig würzen.
Den Rotwein und die Sahne angießen.
Den Liebstöckel waschen, trockenschleudern und hacken. Unter die Hackfleischsauce rühren. Zugedeckt circa 20 Minuten köcheln.
Die Makkaroni in reichlich Salzwasser bißfest kochen. Abgießen, abtropfen lassen und in eine vorgewärmte Schüssel umfüllen.
Den geriebenen Emmentaler und die Sauce getrennt dazu reichen.

Nährwerte pro Portion	
Kilokalorien	900
Kilojoule	3760
Eiweiß/g	34
Kohlenhydrate/g	59
Fett/g	53
Ballaststoffe/g	5,0

NUDELN
MIT FLEISCH UND GEFLÜGEL

Lange hat die Nudel unter dem Makel gelitten, sie mache dick. Weit gefehlt. Mit 359 Kilokalorien pro 100 Gramm liegt sie durchaus im Rahmen üblicher Nahrungsmittel. Dick machen nur die Saucen und der Käse, leider.

Pappardelle mit Hase

einfach
4 Portionen

350 g Hasenfleisch ohne Knochen
1 Zwiebel
1 Knoblauchzehe
1 EL Butter
3 EL Olivenöl
1/8 l Weißwein
1 EL frische Rosmarinnadeln
1 EL frischer Thymian
1/4 l Wildfond
250 g Schlagsahne
Salz
1 Prise Zucker
frisch gemahlener Pfeffer
350 g Pappardelle
75 g geriebener Parmesan

Das Hasenfleisch in kleine Würfel schneiden. Die Zwiebel und die Knoblauchzehe abziehen und feinhacken.

In einer Kasserolle 1 Eßlöffel Butter und das Olivenöl erhitzen. Zwiebel und Knoblauch darin goldgelb dünsten, dann das Fleisch zufügen und unter Rühren anbraten. Mit dem Weißwein ablöschen.

Die Rosmarinnadeln hacken. Den Thymian waschen, trockenschütteln und die Blättchen von den Stengeln streifen. Kräuter zum Fleisch geben. Den Wildfond und Schlagsahne angießen. Mit Rosmarin, Thymian, Salz, Zucker und Pfeffer würzen. Zugedeckt bei mittlerer Hitze 1 Stunde köcheln, dabei gelegentlich umrühren.

In kochendem Salzwasser die Pappardelle circa 12 Minuten bißfest garen. Nudeln abschütten und kurz abtropfen lassen. In eine vorgewärmte Schüssel umfüllen und mit der Fleischsauce vermischen. Den Parmesan getrennt dazu reichen.

Nährwerte pro Portion	
Kilokalorien	810
Kilojoule	3400
Eiweiß/g	37
Kohlenhydrate/g	66
Fett/g	40
Ballaststoffe/g	2,9

Rigatoni al sugo di fegatini

Rigatoni mit Geflügelleberragout

einfach, braucht Zeit
4 Portionen

1 kleine Zwiebel
1 kleiner Zweig frischer Rosmarin
2 EL Öl
30 g Butter
200 g Geflügelleber
100 g gemischtes Hackfleisch
2 EL Tomatenmark
100 ml Fleischbrühe
Salz
frisch gemahlener schwarzer Pfeffer
350 g Rigatoni (oder andere kurze Teigwaren)
80 g frisch geriebener Parmesankäse

Die Zwiebel abziehen und feinhacken. Den Rosmarin waschen und trockenschütteln.

Das Öl und die Hälfte der Butter in einem weiten Topf (in dem auch noch die Nudeln Platz haben) erhitzen und Zwiebel und Rosmarin darin zugedeckt dünsten.

Die Geflügelleber feinhacken und mit dem Hackfleisch in den Topf geben und unter Rühren rundherum anbraten.

Das Tomatenmark mit der Hälfte der Fleischbrühe glattrühren und in den Topf geben. Das Ragout zugedeckt bei schwacher Hitze 1 Stunde köcheln lassen. Ab und zu umrühren und die restliche Fleischbrühe zugeben. Mit Salz und Pfeffer abschmecken.

Die Rigatoni in sprudelndem Salzwasser bißfest kochen, abgießen, gut abtropfen lassen und im Topf mit dem Ragout vermischen. Die restliche Butter zugeben und das Gericht mit dem geriebenen Parmesan bestreuen. Sofort servieren.

Nährwerte pro Portion	
Kilokalorien	660
Kilojoule	2780
Eiweiß/g	32
Kohlenhydrate/g	64
Fett/g	27
Ballaststoffe/g	2,9

NUDELN
MIT FLEISCH UND GEFLÜGEL

Penne all'arrabbiata

einfach, Blitzrezept
4 Portionen

100 g geräucherter durchwachsener Speck
2 EL Olivenöl
2 Knoblauchzehen
2 frische rote Chilischoten
1 große Dose geschälte Tomaten
Salz
400 g Penne
100 g frisch geriebener Pecorino

Den Speck in feine Streifen schneiden und im heißen Olivenöl knusprig anbraten. Dann die Speckstreifen mit einer Schaumkelle aus der Pfanne heben.

Den Knoblauch abziehen und sehr fein hacken. Die Tomaten abtropfen lassen. Die Chilischoten putzen, entkernen und feinhacken.

Knoblauch, Tomaten und Chilischoten in die Pfanne geben und bei starker Hitze musig einkochen lassen. Mit Salz abschmecken. Die Speckstreifen untermischen.

Die Penne in reichlich Salzwasser bißfest kochen und abgießen.

In einer großen vorgewärmten Schüssel die Nudeln mit der Sauce und der Hälfte des Käses rasch vermischen und das Gericht sofort servieren. Den restlichen Käse getrennt dazu reichen.

Nährwerte pro Portion	
Kilokalorien	700
Kilojoule	2920
Eiweiß/g	23
Kohlenhydrate/g	75
Fett/g	30
Ballaststoffe/g	5,6

Rigatoni mit Zuckererbsenschoten

einfach, Blitzrezept
4 Portionen

250 g Zuckererbsenschoten
6 Schalotten
2 EL Butter
300 g Rigatoni
Salz
50 g Parmaschinken
200 g Schlagsahne
200 g Crème fraîche
frisch gemahlener Pfeffer
75 g geriebener Parmesan

Die Zuckererbsenschoten waschen, abtropfen lassen und eventuell die Fäden abziehen, dann halbieren. Die Schalotten abziehen und vierteln.

Die Rigatoni in Salzwasser 10 bis 12 Minuten bißfest garen.

Inzwischen in einem Topf die Butter zerlassen und die Schalotten darin unter Rühren 3 Minuten anbraten. Die Erbsenschoten zufügen und das Gemüse zugedeckt 10 Minuten dünsten.

Inzwischen den Parmaschinken in Streifen schneiden. Schinken, Schlagsahne und Crème fraîche unter das Gemüse mischen, mit Salz und Pfeffer würzen. Bei kleiner Hitze warm halten, die Sauce soll nicht mehr kochen.

Die fertigen Nudeln abgießen, kurz abtropfen lassen und in einer vorgewärmten Schüssel mit der Gemüsesauce vermengen. Den Parmesan getrennt dazu servieren.

Nährwerte pro Portion	
Kilokalorien	880
Kilojoule	3700
Eiweiß/g	24
Kohlenhydrate/g	82
Fett/g	47
Ballaststoffe/g	4,9

Bunte Nudeln mit Rosenkohl in Gorgonzolasauce

einfach
4 Portionen

500 g Rosenkohl
150 g gekochter Schinken
2 EL Öl
¼ l Weißwein
Zitronenpfeffer
Salz
300 g bunte Nudeln, z. B. Spiralen
200 g Schlagsahne
150 g Gorgonzola
½ TL Estragon

Den Rosenkohl putzen, waschen und abtropfen lassen. Vom Schinken den Fettrand entfernen, Schinken in schmale Streifen schneiden.

Das Öl in einem Topf erhitzen. Rosenkohl und Schinken darin 3 Minuten unter Rühren dünsten. Dann mit dem Weißwein ablöschen, mit Zitronenpfeffer und Salz würzen. Zugedeckt bei mittlerer Hitze circa 15 Minuten knackig garen.

Inzwischen die bunten Nudeln in kochendem Salzwasser 10 Minuten bißfest garen. Die fertigen Nudeln in ein Sieb abgießen und abtropfen lassen.

Die Schlagsahne zum Rosenkohl gießen, den Gorgonzola in die Sauce bröckeln und den Estragon zufügen. Alles unter Rühren 5 Minuten köcheln. Sauce mit Salz und Pfeffer abschmecken.

Nudeln unter die Rosenkohlsauce mischen und darin noch einige Minuten bei schwacher Hitze ziehen lassen. Auf vorgewärmte Teller verteilen und gleich servieren.

Nährwerte pro Portion	
Kilokalorien	720
Kilojoule	3020
Eiweiß/g	30
Kohlenhydrate/g	59
Fett/g	37
Ballaststoffe/g	6,5

NUDELN MIT FLEISCH UND GEFLÜGEL

Eliche mit Cremesauce

einfach
4 Portionen

125 g Parmaschinken	
4 reife Tomaten	
125 g Champignons	
Saft von 1 Zitrone	
1 Knoblauchzehe	
100 g Butter	
Salz	
frisch gemahlener Pfeffer	
125 g TK-Erbsen	
3 EL Crème fraîche	
350 g bunte Eliche	
2 EL frisches Basilikum	
75 g geriebener Parmesan	

Den Parmaschinken in feine Streifen schneiden. Die Tomaten heiß überbrühen, häuten und vierteln. Kerne entfernen und die Tomaten würfeln.

Die Champignons putzen, unter fließendem Wasser waschen, abtropfen lassen und dann blättrig schneiden. Sofort in eine Schüssel geben und mit dem Zitronensaft beträufeln. Die Knoblauchzehe abziehen und feinhacken.

In einer tiefen Pfanne die Butter zerlassen. Parmaschinken, Pilze und Knoblauch darin 3 Minuten unter Rühren dünsten. Die Tomaten zufügen, mit Salz und Pfeffer würzen und alles bei kleiner Hitze zugedeckt 10 Minuten dünsten. Dann die Erbsen und die Crème fraîche untermischen.

Inzwischen die Nudeln in kochendem Salzwasser circa 12 Minuten bißfest garen. Abschütten und kurz abtropfen lassen.

Das Basilikum waschen, trockenschütteln und in feine Streifen schneiden. Basilikum unter die Sauce rühren.

Die Nudeln in eine vorgewärmte Schüssel umfüllen. Sauce darüber verteilen, gut durchmischen und sofort servieren. Den Parmesan getrennt dazu reichen.

Nährwerte pro Portion	
Kilokalorien	790
Kilojoule	3300
Eiweiß/g	27
Kohlenhydrate/g	71
Fett/g	40
Ballaststoffe/g	6,4

Tagliolini mit Erbsen, Pilzen und Schinken

einfach, Blitzrezept
4 Portionen

1 Zwiebel	
200 g schwarzgeräucherten Schinken am Stück	
250 g Champignons	
4 EL Butter	
250 g feine TK-Erbsen	
⅛ l Weißwein	
Salz	
frisch gemahlener Pfeffer	
300 g rote Tagliolini	
75 g geriebener Parmesan	

Die Zwiebel abziehen und feinhacken. Den Schinken in feine Würfel schneiden.

Die Champignons putzen, unter fließendem Wasser waschen und mit Küchenpapier trockentupfen. Champignons blättrig schneiden.

2 Eßlöffel Butter in einer Pfanne zerlassen, Zwiebel und Schinkenwürfel darin 5 Minuten anbraten. Die Champignons untermischen und unter Rühren so lange braten, bis die Flüssigkeit verdampft ist. Dann die tiefgekühlten Erbsen dazugeben. Den Weißwein angießen, mit Salz und Pfeffer würzen. Zugedeckt bei kleiner Hitze 10 Minuten köcheln.

Die Tagliolini in kochendem Salzwasser 5 bis 7 Minuten bißfest garen.

Tripoline mit Entenbrust

einfach, Blitzrezept
6 Portionen

400 g Lauch
1 Entenbrust, 2 Hälften
1 EL Öl
300 g Crème fraîche
500 g Tripoline
Salz
frisch gemahlener schwarzer Pfeffer
1 Handvoll Kerbel

Den Lauch putzen, längs aufschlitzen und gut ausspülen. In schmale Ringe schneiden und für 1 Minute in kochendes Salzwasser geben, eiskalt abschrecken und sehr gut abtropfen lassen.

Die Entenbrust in schmale Scheiben schneiden und in einer Kasserolle in heißem Öl knusprig ausbraten. Den Lauch zufügen und die Crème fraîche unterrühren.

Die Tripoline nach Grundrezept kochen und abgießen. Die Sauce mit Salz und Pfeffer abschmecken. Den Kerbel abbrausen, von den Stengeln zupfen und untermischen.

Die Sauce mit den Nudeln mischen und auf 6 vorgewärmte Teller verteilen.

»Drei Dinge können eine Familie ruinieren: Konfekt, frisches Brot und Makkaroni«, sagt ein neapolitanisches Sprichwort. Teigwaren, hergestellt aus feinem Mehl, waren lange Zeit ein teures Vergnügen. Und so besingt man heute noch in Volksliedern sehnsuchtsvoll ein fernes Land, in dem es Makkaroni vom Himmel regnet.

Nährwerte pro Portion	
Kilokalorien	840
Kilojoule	3540
Eiweiß/g	19
Kohlenhydrate/g	61
Fett/g	53
Ballaststoffe/g	4

Abgießen und kurz abtropfen lassen.

Die Nudeln in eine vorgewärmte Schüssel umfüllen, mit der restlichen Butter und der Erbsen-Schinkensauce vermischen. Den Parmesan getrennt dazu reichen.

Nährwerte pro Portion	
Kilokalorien	740
Kilojoule	3110
Eiweiß/g	31
Kohlenhydrate/g	66
Fett/g	33
Ballaststoffe/g	7,6

NUDELN MIT FLEISCH UND GEFLÜGEL

Schinkennudeln
einfach, Blitzrezept
4 Portionen

| 350 g Nudeln, z. B. Spiralen |
| Salz |
| 1 große Zwiebel |
| 250 g gekochter Schinken |
| 2 EL Butter |
| 3 Eier |
| frisch gemahlener schwarzer Pfeffer |
| 1 Messerspitze gemahlene Muskatnuß |
| 1 Bund Schnittlauch |

Die Nudeln in Salzwasser circa 8 Minuten bißfest kochen. In ein Sieb abschütten, unter kaltem Wasser kurz abschrecken und abtropfen lassen.

Inzwischen die Zwiebel abziehen und feinhacken. Den Schinken in schmale Streifen schneiden.

In einer großen beschichteten Pfanne die Butter zerlassen und die Zwiebel darin glasig dünsten. Schinken und Nudeln untermischen und kurz anbraten.

Die Eier mit 1 Prise Salz, Pfeffer und Muskatnuß verquirlen und über die Schinkennudeln gießen. Bei mittlerer Hitze das Ei stokken lassen, dabei gelegentlich umrühren.

Den Schnittlauch waschen, trockentupfen und in Röllchen schneiden. Vor dem Servieren über die Schinkennudeln streuen.

Eine große Schüssel Kopfsalat mit Kräuterdressing dazu reichen.

Nährwerte pro Portion	
Kilokalorien	580
Kilojoule	2440
Eiweiß/g	28
Kohlenhydrate/g	63
Fett/g	20
Ballaststoffe/g	3,2

Orecchiette mit Brokkoli und Geflügelleber
einfach
4 Portionen

| 750 g Brokkoli |
| 250 g Geflügelleber |
| 1 Zwiebel |
| 100 g geräucherten durchwachsenen Speck |
| 350 g Orecchiette |
| Salz |
| 2 EL Butter |
| frisch gemahlener Pfeffer |
| 1 Messerspitze Cayennepfeffer |
| 2 EL Olivenöl |

Den Brokkoli waschen, die Köpfe vorsichtig von den Stielen abschneiden und in einem Sieb abtropfen lassen. Die Häutchen von der Geflügelleber entfernen, Leber in schmale Streifen schneiden. Die Zwiebel abziehen und feinhacken. Den Speck feinwürfeln.

Die Orecchiette in reichlich Salzwasser 7 Minuten kochen. Dann die Brokkoliköpfchen hinzufügen und weitere 5 Minuten mitkochen.

Inzwischen die Butter in einer Pfanne zerlassen. Die Speckwürfel und die Zwiebel darin glasig andünsten, Geflügelleber dazugeben und unter Rühren bei mittlerer Hitze 3 Minuten von allen Seiten braten. Mit Pfeffer, Cayennepfeffer und Salz würzen und vom Herd nehmen.

Bami Goreng

einfach
4 Portionen

10 g getrocknete chinesische Pilze
400 g Schweinefilet
1 Stange Lauch
4 Frühlingszwiebeln
3 Möhren
200 g Bambussprossen
4 EL Öl
¼ l Hühnerbrühe
4 EL Sojasauce
½ TL Sambal Oelek
Salz
frisch gemahlener Pfeffer
100 g Glasnudeln

Die chinesischen Pilze nach Packungsanweisung einweichen. Dann abgießen und grob hacken.

Das Schweinefilet waschen, trockentupfen und in dünne Scheiben schneiden. Den Lauch, die Frühlingszwiebeln und die Möhren putzen und waschen. Lauch und Frühlingszwiebeln in feine Ringe, Möhren in dünne Scheiben, die Bambussprossen in schmale Streifen schneiden.

In einer Kasserolle das Öl erhitzen und das Fleisch darin von allen Seiten scharf anbraten. Die übrigen Zutaten untermischen. Unter Rühren circa 10 Minuten schmoren.

Die Hühnerbrühe und die Sojasauce angießen. Mit Sambal Oelek, Salz und Pfeffer abschmecken. Die Glasnudeln mundgerecht schneiden und dazugeben.

Alles köcheln lassen, bis die Nudeln gar sind. Vor dem Servieren eventuell noch einmal nachwürzen.

Nährwerte pro Portion	
Kilokalorien	410
Kilojoule	1720
Eiweiß/g	26
Kohlenhydrate/g	26
Fett/g	19
Ballaststoffe/g	4,1

Nudeln und Brokkoli in ein Sieb abschütten und abtropfen lassen. In eine vorgewärmte Schüssel umfüllen. Geflügelleber und das Olivenöl untermengen und sofort servieren.

Nährwerte pro Portion	
Kilokalorien	560
Kilojoule	2340
Eiweiß/g	28
Kohlenhydrate/g	65
Fett/g	17
Ballaststoffe/g	7,2

NUDELN
MIT FLEISCH UND GEFLÜGEL

Zürcher Nudeltopf

einfach
4 Portionen

500 g Kalbfleisch
1 EL Mehl
500 g Champignons
2 Schalotten
3 EL Öl
⅛ l heiße Brühe
⅛ l Weißwein
200 g Schlagsahne
Salz
frisch gemahlener weißer Pfeffer
1 TL Paprikapulver edelsüß
1 Prise Zucker
250 g breite Eiernudeln
1 Bund Schnittlauch

Das Kalbfleisch unter kaltem Wasser abspülen und trockentupfen. Mit einem scharfen Messer das Fleisch in schmale Streifen schneiden, in eine Schüssel geben, mit dem Mehl bestäuben und darin wenden.

Die Champignons putzen, unter fließendem Wasser waschen und in einem Sieb abtropfen lassen. Pilze blättrig schneiden. Die Schalotten abziehen und feinhacken.

In einer tiefen Pfanne das Öl erhitzen und das Fleisch darin unter Rühren 5 Minuten anbraten. Schalotten zufügen und kurz mitbraten. Mit der heißen Brühe ablöschen, den Weißwein und die Sahne angießen. Die Champignons dazugeben. Mit Salz, Pfeffer, Paprika und Zucker abschmecken. Zugedeckt bei kleiner Hitze 15 Minuten köcheln.

Inzwischen die Nudeln in Salzwasser nach Packungsanleitung kochen. Den Schnittlauch waschen, trockentupfen und in feine Röllchen schneiden.

Die Nudeln in ein Sieb abgießen und kurz abtropfen lassen. In eine vorgewärmte Schüssel umfüllen. Fleisch und Sauce darübergeben und mit dem Schnittlauch bestreuen.

Nährwerte pro Portion	
Kilokalorien	690
Kilojoule	2910
Eiweiß/g	36
Kohlenhydrate/g	50
Fett/g	34
Ballaststoffe/g	4,7

Topfenflecken

einfach, braucht Zeit
4 Portionen

400 g Mehl und Mehl zum Verarbeiten
2 Eier
125 ml Wasser
Salz
200 g Frühstücksspeck am Stück
3 EL Butter
150 g saure Sahne
200 g Schichtkäse
Pfeffer
1 Messerspitze geriebene Muskatnuß

Mehl, Eier, Wasser und 1 Teelöffel Salz nach Grundrezept zu einem festen Teig kneten. 20 Minuten ruhen lassen.

Anschließend auf der mit Mehl bestäubten Arbeitsfläche den Teig sehr dünn ausrollen und in circa 5 bis 7 cm große Stücke auseinanderzupfen. Teigflecken 10 Minuten antrocknen lassen.

Frühstücksspeck würfeln, in einer Pfanne bei mittlerer Hitze auslassen, bis er knusprig ist, dann herausheben.

Inzwischen die Teigflecken in kochendem Salzwasser 3 bis 4 Minuten garen, abgießen und mit kaltem Wasser abschrecken. Gut abtropfen lassen.

Die Butter in der Pfanne zerlassen. Die Teigflecken in der Butter mehrmals wenden.

Die saure Sahne unterziehen. Den Schichtkäse mit einer Gabel zerbröckeln und mit Salz, Pfeffer und Muskatnuß würzen. Die Topfenwürfel in der Pfanne mit den Nudelflecken vermischen.

Topfenflecken auf einer vorgewärmten Platte anrichten und mit den gerösteten Speckwürfeln bestreuen.

Nährwerte pro Portion	
Kilokalorien	940
Kilojoule	3930
Eiweiß/g	26
Kohlenhydrate/g	80
Fett/g	52
Ballaststoffe/g	2,3

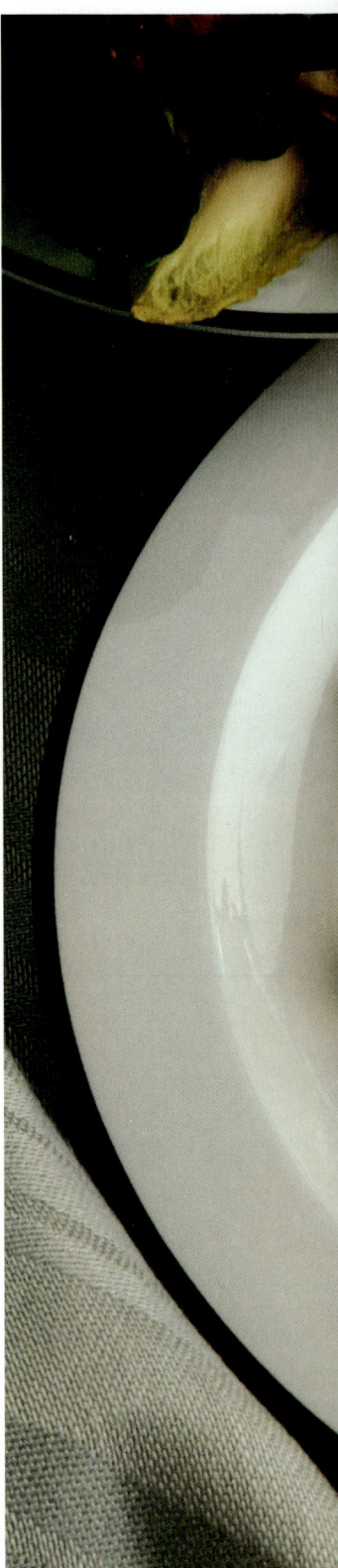

GEFÜLLTE NUDELN UND AUFLÄUFE

Tortellini alla bolognese

Die kleinen gefüllten Teigtaschen werden in Bologna auch »Venusnabel« genannt.

braucht Zeit
4 Portionen

Für den Teig:
400 g Mehl
und Mehl zum Verarbeiten
4 Eier
1 EL Öl
Salz

Für die Füllung:
100 g mageres Schweinefleisch aus der Keule
100 g Hähnchen- oder Putenbrust
1 EL Öl
100 g roher Schinken am Stück
100 g Mortadella am Stück
50 g Rindermark (oder 30 g Butter)
2 Eier
150 g frisch geriebener Parmesankäse
frisch gemahlener schwarzer Pfeffer
etwas geriebene Muskatnuß
2 l Fleischbrühe

Aus den genannten Zutaten einen Nudelteig nach Grundrezept zubereiten und ruhen lassen.
 Für die Füllung das Schweine- und das Hähnchenfleisch würfeln und im

heißen Öl anbraten. Den Topf zudecken und das Fleisch 8 Minuten bei mittlerer Hitze dünsten.

Schinken, Mortadella und Rindermark grob zerteilen und zusammen mit den gegarten Fleischsorten einmal durch den Fleischwolf drehen.

In einer Schüssel die Fleischmischung mit Eiern, Käse, Salz, Pfeffer und etwas geriebener Muskatnuß gründlich vermengen. Mit Folie abgedeckt ruhen lassen.

Den Nudelteig halbieren und zunächst 1 große dünne Platte ausrollen. Die Hälfte der Füllung in kleinen Häufchen und im Abstand von 5 cm darauf verteilen. Die Tortellini nach der Anleitung auf Seite 28 formen. Dann mit der 2. Teighälfte und der restlichen Füllung ebenso verfahren.

Die Tortellini auf einem bemehlten Küchentuch mindestens 30 Minuten antrocknen lassen. Sie können auch über Nacht trocknen.

Die Fleischbrühe aufkochen und die Tortellini portionsweise einlegen. Nach 7 Minuten eine erste Garprobe machen.

Die Tortellini in vorgewärmten Suppentellern mit Fleischbrühe servieren.

Variation:
So zubereitete Tortellini können auch ohne Brühe mit Butter und Reibkäse serviert werden oder mit anderen Nudelsaucen.

Nährwerte pro Portion	
Kilokalorien	970
Kilojoule	4050
Eiweiß/g	59
Kohlenhydrate/g	76
Fett/g	41
Ballaststoffe/g	2,2

Pilzravioli mit Gemüsenudeln

einfach, braucht Zeit
4 Portionen

300 g frischer Nudelteig, nach Grundrezept zubereitet	
300 g Champignons	
2 Schalotten	
1 Knoblauchzehe	
1 Bund glatte Petersilie	
2 EL Butter	
1 TL getrockneter Thymian	
Salz	
frisch gemahlener weißer Pfeffer	
8 grüne Spargelstangen	
2 lange Möhren	
1 kleiner Knollensellerie	
100 g Butter	
3 EL Semmelbrösel	

Während der Nudelteig ruht, die Champignons waschen, putzen und feinhacken.

Die Schalotten und den Knoblauch abziehen und feinhacken. Die Petersilie waschen, trockenschütteln und die Blätter feinhacken. Die Butter in einer Pfanne zerlassen, Schalotten, Knoblauch, Petersilie und Champignons zugeben und bei mittlerer Hitze dünsten. Mit Thymian, Salz und Pfeffer würzen und so lange einkochen lassen, bis alle Flüssigkeit verdampft ist.

Den Nudelteig halbieren und auf der bemehlten Arbeitsfläche zu 2 gleich großen, dünnen Platten ausrollen.

Die abgekühlte Pilzmasse mit einem Teelöffel in Häufchen und im Abstand von 6 cm auf eine Teigplatte setzen. Die Zwischenräume mit einem feuchten Pinsel bestreichen und die zweite Teigplatte darüberlegen. Die beiden Teigschichten rund um die Füllungen fest aufeinanderdrücken und mit einem Förmchen runde Ravioli ausstechen. Die Ravioli mindestens 20 Minuten antrocknen lassen.

Inzwischen die Spargelstangen waschen und das untere Viertel abschneiden. Die Möhren schälen. Den Knollensellerie schälen und in etwa 1½ cm dicke Scheiben schneiden. Aus Spargel, Möhren und Sellerie mit dem Sparschäler Gemüsenudeln schneiden.

Reichlich Salzwasser zum Kochen bringen und die Pilzravioli in etwa 12 Minuten garen.

Inzwischen gut 1 Eßlöffel Butter in einer weiten Pfanne zerlassen und die Gemüsenudeln darin bei mittlerer Hitze dünsten, leicht salzen.

Die restliche Butter in einer kleinen Pfanne zerlassen und darin die Semmelbrösel nußbraun rösten.

Die gegarten Pilzravioli gut abtropfen lassen und auf vorgewärmten Tellern mit der Bröselbutter anrichten. Die Gemüsenudeln mit Hilfe einer Gabel zusammendrehen und zu den Ravioli legen.

Nährwerte pro Portion	
Kilokalorien	560
Kilojoule	2330
Eiweiß/g	13
Kohlenhydrate/g	47
Fett/g	32
Ballaststoffe/g	5,2

GEFÜLLTE NUDELN UND AUFLÄUFE

So finster kann das Mittelalter nicht gewesen sein. Jedenfalls nicht aus der Sicht eines Nudelfans. Denn im Mittelalter kamen findige Köche erstmals auf die Idee, aus Nudelteig kleine Täschchen zu formen und mit allerlei Leckereien zu füllen.

Lachsravioli

einfach, braucht Zeit
4 Portionen

300 g Nudelteig, nach Grundrezept zubereitet
300 g frisches Lachsfilet
100 g Petersilienwurzel
4 Frühlingszwiebeln
2 Bund Basilikum
Salz
frisch gemahlener weißer Pfeffer
150 g Crème fraîche
250 g grüner Spargel
200 g Schlagsahne
2–3 EL Noilly Prat (weißer Wermut)
1 EL Butter

Während der Nudelteig ruht, die Hälfte des Lachsfilets in Streifen schneiden, die andere Hälfte feinhacken. Die Lachsstreifen zugedeckt in den Kühlschrank stellen.

Die Petersilienwurzel schälen und feinwürfeln. Die Frühlingszwiebeln abziehen und den weißen und hellgrünen Teil sehr fein hacken. Das Basilikum waschen, trockenschleudern und die Blätter feinhacken.

Das gehackte Lachsfleisch mit Petersilienwurzel, Frühlingszwiebeln und der Hälfte des Basilikum mischen, salzen, pfeffern und die Crème fraîche unterziehen.

Den Nudelteig auf der bemehlten Arbeitsfläche dünn ausrollen und mit dem Teigrad in etwa 8 cm breite Streifen schneiden.

Von der Lachsmischung Häufchen im Abstand von 8 cm auf jeweils 1 Teigstreifen setzen, die Zwischenräume mit einem feuchten Pinsel bestreichen und einen zweiten Teigstreifen darüberlegen. Die beiden Teigschichten rund um die Füllungen fest aufeinanderdrücken und mit dem Teigrad quadratische Ravioli ausschneiden. Die Ravioli mindestens 20 Minuten antrocknen lassen.

Die Spargelstangen waschen, das untere Viertel abschneiden und die Stangen mit dem Sparschäler der Länge nach in Streifen aufschneiden.

Die Schlagsahne in einer kleinen Stielkasserolle aufkochen, mit Noilly Prat, Salz und weißem Pfeffer abschmecken und das restliche gehackte Basilikum dazugeben. Die Sauce vom Herd nehmen und mit dem Pürierstab kräftig durcharbeiten.

Reichlich Salzwasser in einem Topf zum Kochen bringen und die Lachsravioli in siedendem Wasser 12 Minuten garen.

Inzwischen die Butter in einer weiten Pfanne zerlassen und die Spargelstreifen darin bei schwacher Hitze dünsten, leicht salzen.

Die Basilikumsauce aufwärmen und die Lachsstreifen bei kleinster Hitze darin ziehen lassen.

Die zarten Lachsravioli gut abtropfen lassen und auf vorgewärmten Tellern mit der Sauce und den Spargelstreifen anrichten.

Nährwerte pro Portion	
Kilokalorien	740
Kilojoule	3090
Eiweiß/g	28
Kohlenhydrate/g	42
Fett/g	45
Ballaststoffe/g	2,5

GEFÜLLTE NUDELN UND AUFLÄUFE

Ausgebackene Ravioli mit Spargelspitzen

einfach, braucht Zeit
4 Portionen

250 g Mehl
3 Eier
Salz
500 g frischer Blattspinat
4 EL Butter
150 g Schafskäse
frisch gemahlener Pfeffer
1 Messerspitze geriebene Muskatnuß
Mehl für die Arbeitsfläche
1 Zwiebel
1 Knoblauchzehe
2 EL Olivenöl
1 kleine Dose gewürfelte Tomaten, 400 g
1 Prise Zucker
Pflanzenfett für die Friteuse
300 g grüne Spargelspitzen
50 g geriebener Parmesan

Das Mehl auf eine Arbeitsfläche sieben. In die Mitte eine Mulde drücken. 1 Ei trennen. Das Eigelb, 2 Eier und 1 Teelöffel Salz hineingeben. Alles von der Mitte aus so lange gut verkneten, bis ein glatter Teig entstanden ist. Sollte der Teig zu krümelig bleiben, nach und nach etwas Wasser zufügen.

Den Teig in ein feuchtes Tuch einschlagen und circa 20 Minuten ruhen lassen.

Den Blattspinat verlesen, welke Blätter und dickere Stengel entfernen. Spinat grob hacken und waschen.

Ravioli, mit Käse überbacken

2 Portionen

300 g Ravioli
Salz
100 g Mascarpone
80 g Gorgonzola
frisch gemahlener schwarzer Pfeffer
Butter für die Form
2 EL geriebener Parmesan

Die Ravioli nach Packungsanleitung in reichlich Salzwasser knapp bißfest kochen. In ein Sieb gießen, abtropfen lassen.

Den Mascarpone und den Gorgonzola gründlich verrühren, mit Pfeffer abschmecken.

2 kleine feuerfeste Formen buttern, Ravioli hineingeben. Die Käsecreme auf die Ravioli streichen. Parmesan darüberstreuen.

Formen unter den vorgeheizten Grill oder in den auf 250 °C vorgeheizten Ofen auf die oberste Schiene schieben. Etwa 5 Minuten gratinieren, bis der Käse zerlaufen und goldbraun ist.

Nährwerte pro Portion	
Kilokalorien	660
Kilojoule	2760
Eiweiß/g	23
Kohlenhydrate/g	57
Fett/g	34
Ballaststoffe/g	2,5

2 Eßlöffel Butter in einem Topf zerlassen. Den tropfnassen Spinat hineingeben und bei kleiner Hitze unter mehrmaligem Wenden einige Minuten dünsten, bis alle Flüssigkeit verdampft ist. Vom Herd nehmen, etwas abkühlen lassen. Dann den Schafskäse hineinbröckeln. Mit Salz, Pfeffer und Muskatnuß würzen.

Den Nudelteig auf einer bemehlten Arbeitsfläche möglichst dünn ausrollen. Mit einem gewellten runden Förmchen von circa 6 cm Durchmesser Teigkreise ausstechen. Auf die Hälfte der Kreise je 1 Eßlöffel Spinatfüllung setzen.

Das Eiweiß verquirlen. Den Teig um die Füllung mit Eiweiß bestreichen. Jeweils einen belegten und einen leeren Teigkreis zusammensetzen und an den Rändern leicht zusammendrücken. Die Ravioli 10 Minuten trocknen lassen.

Inzwischen die Tomatensauce kochen. Die Zwiebel und die Knoblauchzehe abziehen und hacken. In einem Topf das Olivenöl erhitzen, Zwiebel und Knoblauch darin glasig dünsten. Die Tomaten zufügen, mit Salz, Zucker und Pfeffer würzen und bei kleiner Hitze zugedeckt köcheln lassen.

Das Pflanzenfett in der Friteuse auf 175 °C erhitzen. Die Ravioli portionsweise darin goldbraun ausbacken. Fertige Ravioli mit dem Schaumlöffel herausheben und auf Küchenpapier abtropfen lassen.

Die restliche Butter in einer Pfanne zerlassen und die Spargelspitzen darin kurz braten.

Ravioli auf 4 vorgewärmten Tellern anrichten, die Spargelspitzen dazwischen verteilen und die Tomatensauce darübergeben. Mit Parmesan bestreuen und sofort servieren.

Nährwerte pro Portion	
Kilokalorien	780
Kilojoule	3250
Eiweiß/g	36
Kohlenhydrate/g	57
Fett/g	41
Ballaststoffe/g	3,3

GEFÜLLTE NUDELN UND AUFLÄUFE

Gefüllte Muschelnudeln

einfach
4 Portionen

| 1 Stange Lauch |
| 2 Schalotten |
| 1 Knoblauchzehe |
| 70 g Walnußkerne |
| 150 g Mozzarella |
| 200 g Ricotta |
| 50 g geriebener Pecorino |
| Salz |
| frisch gemahlener Pfeffer |
| 300 g große Muschelnudeln |
| Butter für die Form |
| 1 kleine Dose gehackte Tomaten, 400 g |
| 2 Eier |
| 250 g Schlagsahne |
| 1 TL Oregano |

Den Lauch putzen, gründlich waschen und feinhacken. Die Schalotten und den Knoblauch abziehen und hacken. Die Walnußkerne im Mörser grob zerstoßen.

Für die Füllung Mozzarella, Ricotta, Pecorino, Lauch, Schalotten, Knoblauch und Walnüsse vermengen, mit Salz und Pfeffer abschmecken.

In kochendem Salzwasser die Muschelnudeln 10 Minuten bißfest garen. Abgießen und gut abtropfen lassen.

Eine ovale Auflaufform ausfetten. Die gehackten Tomaten mit Salz und Pfeffer würzen und auf dem Boden der Form verteilen. Die Muschelnudeln mit der Käsemischung füllen und mit der offenen Seite nach oben nebeneinander in die Form setzen.

Die Eier mit der Sahne und dem Oregano verquirlen und über die gefüllten Nudeln gießen. Die Auflaufform mit Alufolie abdecken.

Im vorgeheizten Backofen auf der mittleren Schiene bei 200 °C circa 25 Minuten backen. Die Folie entfernen und das Gericht weitere 5 Minuten backen. In der Form servieren.

Nährwerte pro Portion	
Kilokalorien	800
Kilojoule	3370
Eiweiß/g	32
Kohlenhydrate/g	61
Fett/g	44
Ballaststoffe/g	4,5

Tortelli di erbette e ricotta alla parmigiana

Teigtaschen mit Kräutern und Quark gefüllt

einfach, braucht Zeit
4 Portionen

Für den Teig:

| 400 g Mehl |
| 4 kleine Eier |
| 1 EL Öl |
| Salz |

Für die Füllung:

| 300 g Spinat oder gemischte Kräuter nach Belieben |
| 1 EL Butter |
| 500 g Schichtkäse oder Quark, 20 % F. i. Tr. |
| 2 Eier |
| 2 EL geriebener Parmesankäse |
| Salz |
| frisch gemahlener weißer Pfeffer |
| etwas frisch geriebene Muskatnuß |

| 100 g Butter |
| 100 g frisch geriebener Parmesankäse |

Aus den genannten Zutaten einen Nudelteig nach Grundrezept zubereiten und ruhen lassen.

Für die Füllung den Spinat oder die Kräuter verlesen, gründlich waschen und dicke Stiele entfernen. Die Butter in einem Topf zerlassen und die tropfnassen Blätter zugeben. Im geschlossenen Topf 3 Minuten dünsten, dann den Deckel abnehmen und den Spinat bei mittlerer Hitze rühren, bis alle Flüssigkeit verdampft ist. Dann auskühlen lassen und sehr fein hacken.

Den Schichtkäse abtropfen lassen und mit den Eiern verrühren. Spinat und Parmesankäse einrühren und die Füllung mit Salz, Pfeffer und Muskatnuß abschmekken. Wenn sie zu feucht erscheint, einen weiteren Eßlöffel Parmesankäse zugeben. Die Füllung zugedeckt 30 Minuten ruhen lassen.

Den Nudelteig auf der bemehlten Arbeitsfläche möglichst dünn ausrollen. Die Füllung in kleinen Häufchen und in Abständen von 6 cm darauf verteilen. Mit einem gezackten oder glatten Ausstecher mit 5 bis 6 cm Durchmesser Teigkreise ausstechen. Jeden Kreis über der Füllung zu einem Halbmond zusammenlegen und die Teigränder fest aufeinander drücken. Die Tortelli auf der bemehlten Arbeitsfläche 15 Minuten antrocknen lassen.

Die Tortelli portionsweise in sprudelndem Salzwasser kochen. Nach 8 Minuten eine erste Garprobe machen. Fertige Tortelli mit der Schaumkelle in eine vorgewärmte Schüssel heben.

Die Butter zerlassen. Jede Lage Tortelli mit der flüssigen Butter beträufeln und mit Parmesankäse bestreuen. Sofort heiß servieren.

Nährwerte pro Portion	
Kilokalorien	1000
Kilojoule	4180
Eiweiß/g	48
Kohlenhydrate/g	79
Fett/g	48
Ballaststoffe/g	3,4

GEFÜLLTE NUDELN UND AUFLÄUFE

Tortelli di zucca alla mantovana
Teigtaschen mit Kürbis

Die Füllung am Vortag zubereiten

braucht Zeit

4 Portionen

Für die Füllung:

1,2 kg reifer Kürbis
150 g Senffrüchte
100 g Mandelmakronen
150 g frisch geriebener Parmesankäse
etwas frisch geriebene Muskatnuß
Salz
frisch gemahlener schwarzer Pfeffer
Saft von ½ Zitrone

Für den Teig:

400 g Mehl
4 kleine Eier
1 EL Öl
Salz
100 g Butter
8 Salbeiblätter

Am Vortag den Kürbis schälen und würfeln. Eine feuerfeste Form mit dem Kürbis auslegen, zudekken und in den auf 180 °C vorgeheizten Backofen stellen. Das Gemüse zugedeckt 20 Minuten dämpfen, dann weitere 25 Minuten ohne Deckel garen.

Den Kürbis noch heiß pürieren und etwas abkühlen lassen. Die Senffrüchte sehr fein hacken und die Mandelmakronen reiben oder im Mörser stoßen. Das Kürbispüree mit Senffrüchten, Makronenbröseln, der Hälfte des Käses, etwas Muskatnuß und Salz und

Pfeffer verrühren. Mit Zitronensaft abschmecken und die Masse noch einmal kräftig durchrühren. Zudecken und kaltstellen.

Aus den angegebenen Zutaten einen Nudelteig nach Grundrezept zubereiten und ruhen lassen.

Den Teig auf der bemehlten Arbeitsfläche dünn ausrollen und in 10 cm breite Streifen schneiden.

Die Füllung in kleinen Häufchen und in 5 cm Abstand auf die Mittellinie der Streifen setzen. Die Teigstreifen über der Füllung zusammenlegen und die Ränder und Zwischenräume fest aufeinanderdrücken. Die Tortelli mit dem gezackten Teigrad ausschneiden und 30 Minuten antrocknen lassen.

Die Tortelli portionsweise in reichlich Salzwasser kochen, nach 10 Minuten eine Garprobe machen. Fertige Tortelli mit einem Schaumlöffel in eine vorgewärmte Schüssel heben.

Die Butter zerlassen, die Salbeiblätter in feine Streifen schneiden und in der Butter einmal aufkochen lassen.

Die Tortelli in der Schüssel mit der Salbeibutter übergießen und mit dem restlichen Parmesankäse überstreuen. Das Gericht mit kleinen Salbeiblättchen dekoriert sofort auftragen.

Nährwerte pro Portion	
Kilokalorien	940
Kilojoule	3930
Eiweiß/g	35
Kohlenhydrate/g	91
Fett/g	43
Ballaststoffe/g	4,7

Cannelloni mit Spinat

einfach, braucht Zeit
4 Portionen

500 g junger Blattspinat
125 g Butter
Salz
frisch gemahlener Pfeffer
1 Messerspitze geriebene Muskatnuß
1 kleine Zwiebel
1 Knoblauchzehe
1 große Dose geschälte Tomaten, 800 g
1 Prise Zucker
1 TL Oregano
12 ungekochte Cannelloni-Rollen
Butter für die Form
75 g geriebener Parmesan

Den Blattspinat verlesen, welke Blätter und dickere Stengel entfernen. Spinat grob hacken und waschen.

2 Eßlöffel Butter in einem Topf zerlassen. Den tropfnassen Spinat hineingeben und bei kleiner Hitze zugedeckt einige Minuten dünsten, bis er zusammenfällt. Vom Herd nehmen und mit Salz, Pfeffer und Muskatnuß würzen.

Die Zwiebel und die Knoblauchzehe abziehen und feinhacken.

2 Eßlöffel Butter in einer Kasserolle erhitzen, Zwiebel und Knoblauch darin glasig dünsten. Die Tomaten samt Saft zufügen, Tomaten mit einer Gabel am Pfannenrand zerdrücken. Sauce mit Salz, Zucker, Pfeffer und Oregano würzen und 15 Minuten bei kleiner Hitze einkochen lassen.

Eine flache Auflaufform mit Butter ausfetten. Die ungekochten Cannellonirollen mit dem Spinat füllen und nebeneinander in die Form legen. Tomatensauce darübergießen, mit dem Parmesan bestreuen. Die restliche Butter als Flöckchen daraufsetzen.

Im vorgeheizten Backofen bei 200 °C circa 40 Minuten überbacken. In der Form servieren.

Als Beilage eine Schüssel frischen Blattsalat mit Joghurtdressing servieren.

Nährwerte pro Portion	
Kilokalorien	670
Kilojoule	2800
Eiweiß/g	25
Kohlenhydrate/g	73
Fett/g	27
Ballaststoffe/g	8,2

GEFÜLLTE NUDELN UND AUFLÄUFE

Cannelloni mit Thunfisch

einfach
4 Portionen

Für die Füllung:
300 g Thunfisch
2 hartgekochte Eier
50 g Kapern
30 g weiche Butter

Für die Sauce:
2 Knoblauchzehen
2 EL Olivenöl
500 g gehackte Tomaten aus der Dose
Salz
frisch gemahlener schwarzer Pfeffer

400 g Cannelloni, gebrauchsfertig
4 EL Olivenöl
2 EL Semmelbrösel

Den Thunfisch abtropfen lassen mit mit zwei Gabeln sehr fein zerpflükken. Die Eier schälen und mit den Kapern feinhacken. Thunfisch, Eier, Kapern und Butter verrühren.

Die Knoblauchzehen abziehen und ganz lassen. Das Öl in einem Topf erhitzen und die Knoblauchzehen darin braten. Sie dürfen nicht zu dunkel werden. Den Knoblauch aus dem Öl entfernen und die gehackten Tomaten zugeben. Salzen und pfeffern und die Sauce im offenen Topf 10 Minuten einkochen lassen.

Die Cannelloni mit der Thunfischmasse füllen.

Eine feuerfeste Form mit Öl ausstreichen und mit 1 Eßlöffel Semmelbrösel bestreuen. Die Cannelloni einschichten und dabei jede Lage mit Tomatensauce bestreichen. Zuletzt die restlichen Semmelbrösel darüberstreuen und das Gericht mit Olivenöl beträufeln.

Die Cannelloni in dem auf 200 °C vorgeheizten Backofen auf der mittleren Schiene circa 20 Minuten backen. Dann sofort in der Form auftragen.

Nährwerte pro Portion	
Kilokalorien	920
Kilojoule	3860
Eiweiß/g	29
Kohlenhydrate/g	83
Fett/g	47
Ballaststoffe/g	5,9

Cannelloni mit Fischfarce

einfach, braucht Zeit
4 Portionen

750 g Fischfilet
Salz
Saft von 1 Zitrone
100 g Butter
100 g Crème double
½ TL Curry
frisch gemahlener Pfeffer
¼ l Weißwein
250 g Cannelloni
Butter für die Form
2 EL Mehl
¼ l Milch
200 g Schlagsahne
1 Prise Zucker

Die Fischfilets waschen und trockentupfen. Auf eine Platte legen, mit Salz und Zitronensaft würzen und kurze Zeit durchziehen lassen.

In einer großen Pfanne die Hälfte der Butter zerlassen und die Fischfilets bei kleiner Hitze darin gardünsten.

Den Fisch mit der Garflüssigkeit in eine Schüssel umfüllen und mit einer Gabel zerpflücken. Die Crème double unterrühren. Fischfarce mit Curry, Salz, Pfeffer und 2 Eßlöffeln Weißwein abschmecken.

Die ungekochten Cannellonirollen mit der Farce füllen. Eine flache Auflaufform mit Butter ausfetten. Cannelloni in die Form legen und die restliche Farce darüber verteilen.

In einem Topf die restliche Butter zerlassen. Das Mehl einrühren und leicht anbräunen. Die Milch und die Schlagsahne unter Rühren mit dem Schneebesen angießen. Die Sauce einige Minuten köcheln lassen. Mit dem restlichen Weißwein, Zucker, Salz und Pfeffer würzen. Sauce über die Cannelloni gießen und mit etwas Curry bestäuben.

Im vorgeheizten Backofen auf der mittleren Schiene bei 200 °C circa 40 Minuten überbacken.

Nährwerte pro Portion	
Kilokalorien	920
Kilojoule	3840
Eiweiß/g	50
Kohlenhydrate/g	54
Fett/g	50
Ballaststoffe/g	2

GEFÜLLTE NUDELN UND AUFLÄUFE

Rotolo di spinaci
Gefüllte Pastarolle

einfach, braucht Zeit
6 Portionen

weißer Nudelteig von 200 g Mehl und
grüner Nudelteig von 200 g Mehl, nach Grundrezept zubereitet
1 Knoblauchzehe
500 g Blattspinat
1 EL Butter
200 g gekochter Schinken in dünnen Scheiben
500 g Ricotta oder Schichtkäse
150 g geriebener Parmesan
Salz
frisch gemahlener weißer Pfeffer
frisch geriebene Muskatnuß
Mehl für die Arbeitsfläche

Während die beiden Teige ruhen, die Knoblauchzehe abziehen und hacken. Den Blattspinat verlesen und waschen.

Die Butter in einem Topf zerlassen, den Knoblauch darin glasig dünsten und den tropfnassen Spinat hineingeben.

Zugedeckt bei mittlerer Hitze dünsten, bis der Spinat zusammengefallen ist. Den Spinat in einem Durchschlag gut abtropfen lassen und dann grob hacken.

Den Fettrand von den gekochten Schinkenscheiben abschneiden.

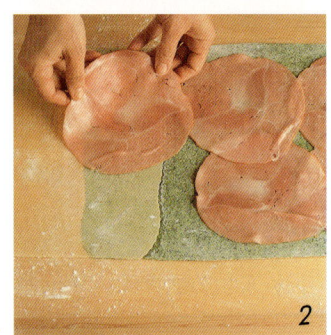

Für die Füllung in einer Schüssel Ricotta, die Eier und den Parmesan gründlich vermengen. Mit Salz, Pfeffer und Muskatnuß abschmecken und eine Hälfte mit dem gehackten Spinat verarbeiten.

Beide Nudelteige auf der bemehlten Arbeitsfläche möglichst gleich groß und etwa 2 mm dick ausrollen. Je eine Kante am weißen und grünen Nudelteig mit dem Teigrad geradeschneiden,

mit einem feuchten Pinsel bestreichen und etwa 2 cm übereinanderlegen. Mit der Teigrolle senkrecht und waagerecht darüberrollen und die grün-weiße Platte auf ein Format von etwa 25 × 60 cm bringen. Die Ränder geradeschneiden.

Den Teig mit den Schinkenscheiben belegen. Auf die grüne Hälfte die weiße Quarkmasse streichen und zu den Rändern etwa 3 cm Abstand lassen. Auf die weiße Teighälfte den Spinatquark streichen. Das Rechteck vom grünen Ende möglichst fest einrollen und in ein Tuch wickeln, das keine eingebückte Saumkante hat (sie würde in den Nudelteig schneiden). Die beiden Enden der Rolle mit Küchengarn zubinden.

Reichlich Salzwasser in einem Bräter oder Fischkochtopf zum Kochen bringen. Die Pastarolle vorsichtig so hineinheben, daß sie in der Mitte nicht durchhängt. Am besten auf einen Siebeinsatz legen. Die Rolle zugedeckt bei mittlerer Hitze eine Stunde und 10 Minuten garen. Das Wasser soll schwach sieden, nicht sprudelnd kochen!

Die gegarte Pastarolle aus dem Wasser heben und 10 Minuten ruhen lassen, dann auswickeln und in daumendicke Scheiben schneiden.

Dazu Tomatensauce und gemischten Blattsalat servieren.

Tip:
Übrige Scheiben schmecken in der Pfanne gebraten.

Tip:
Selbstverständlich müssen der Nudelteig und die Füllung nicht zweifarbig sein. Durchgehend weißer Nudelteig und ausschließlich Spinatfüllung sind ebenso gut und möglich. In diesem Fall allerdings 1 Kilogramm Spinat verwenden.

Nährwerte pro Portion	
Kilokalorien	680
Kilojoule	2840
Eiweiß/g	40
Kohlenhydrate/g	54
Fett/g	30
Ballaststoffe/g	2,8

GEFÜLLTE NUDELN UND AUFLÄUFE

Lasagne mit Spinat
Lecker, ganz ohne Fleisch.

einfach, zum Tiefkühlen
4 Portionen

Für die Tomatensauce:
1 Zwiebel
2 Knoblauchzehen
2 Möhren
4 Stengel Staudensellerie
1 Bund glatte Petersilie
2 EL Öl
1 kleine Dose geschälte Tomaten mit Saft
3 EL Tomatenmark
Salz
frisch gemahlener schwarzer Pfeffer
1 Messerspitze Chilipulver
2 TL italienische Kräutermischung oder die entsprechende Menge Oregano, Thymian und Rosmarin selbst mischen

Für die Béchamelsauce:
40 g Butter
40 g Mehl
300 ml Gemüsebrühe
300 ml Milch
Salz
frisch gemahlener weißer Pfeffer
frisch geriebene Muskatnuß

1,2 kg Spinat
1 kleine Zwiebel
1 Knoblauchzehe
50 g Butter
Salz
frisch gemahlener weißer Pfeffer
frisch geriebene Muskatnuß
2 Mozzarellakäse
50 g Butter
12 weiße Lasagneblätter, gebrauchsfertig
150 g frisch geriebener Parmesankäse

Zwiebel und Knoblauchzehen abziehen und feinhacken. Die Möhren schälen und grob raspeln. Staudensellerie putzen und fein hacken. Gewaschene Petersilie trockenschleudern, grobe Stengel entfernen und die Blätter feinhacken.

Öl in einem weiten Topf erhitzen. Alle Zutaten von Zwiebel bis Petersilie einrühren und bei mittlerer Hitze dünsten. Tomaten, Tomatenmark, Gewürze und Kräuter zugeben, verrühren und die Sauce auf schwacher Hitze einkochen lassen.

Inzwischen für die Béchamelsauce die Butter schmelzen, das Mehl einrühren und hellgelb anschwitzen. Brühe und Milch langsam zugeben und dabei mit dem Schneebesen kräftig schlagen. Die Sauce einmal aufkochen, mit Salz, Pfeffer und Muskatnuß abschmecken und bei schwacher Hitze ausquellen lassen.

Spinat verlesen, waschen und abtropfen lassen. Zwiebel und Knoblauchzehe abziehen und feinhacken. Die Butter in einer weiten Pfanne mit Deckel schmelzen, Zwiebel und Knoblauch darin glasig dünsten. Nasse Spinatblätter zugeben, die Pfanne fest verschließen und den Spinat bei mittlerer Hitze dämpfen, bis er zusammengefallen ist. Das Gemüse mit Salz, Pfeffer und Muskatnuß abschmecken und in der offenen Pfanne unter mehrfachem Wenden trockendünsten.

Die abgetropften Mozzarellakäse in Scheiben schneiden. Alle anderen Zutaten bereitstellen. Den Backofen auf 200 °C vorheizen.

Die Backform mit der Hälfte der Butter ausstreichen und den Boden mit einer dünnen Schicht Béchamelsauce überziehen. Darauf je nach Größe der Form 3 bis 4 Lasagneblätter legen. Je nach Anzahl der Lasagne-Schichten die übrigen Zutaten portionieren:

Lasagneblätter mit etwas Béchamelsauce bestreichen. Darauf Spinat, Mozzarellascheiben und die dicke Tomatensauce schichten. Mit etwas Parmesan bestreuen. Die Lagen wiederholen bis alle Zutaten verbraucht sind. Mit Lasagneblättern abschließen und darauf restliche Béchamel- und Tomatensauce streichen. Mit Parmesankäse bestreuen und Butterflöckchen aufsetzen.

Spinatlasagne im vorgeheizten Backofen bei 200 °C auf der mittleren Schiene mindestens 20 Minuten backen. Vor dem Servieren 5 Minuten in der Form ruhen lassen.

Nährwerte pro Portion	
Kilokalorien	1030
Kilojoule	4330
Eiweiß/g	46
Kohlenhydrate/g	65
Fett/g	60
Ballaststoffe/g	10

Lasagne mit Hackfleisch

Dieses Rezept ist ziemlich üppig, aber ganz besonders gut!

einfach, zum Einfrieren

6 Portionen

Hackfleischmischung:

1 große Zwiebel
2 Knoblauchzehen
2 Möhren
2 Stengel Staudensellerie
1 Bund glatte Petersilie
2 EL Öl
1 kg gemischtes Hackfleisch
Salz
frisch gemahlener schwarzer Pfeffer
1 Messerspitze Chilipulver
2 TL getrockneter Oregano
400 ml pürierte Tomaten
2 EL Tomatenmark

Béchamelsauce:

50 g Butter
60 g Mehl
½ l Fleischbrühe
½ l Milch
Salz
frisch gemahlener weißer Pfeffer
frisch geriebene Muskatnuß

2 Mozzarellakäse
12 grüne Lasagneblätter, gebrauchsfertig
50 g Butter
150 g frisch geriebener Parmesankäse

Zwiebel und Knoblauchzehen abziehen und sehr fein hacken. Die Möhren schälen und raffeln, Staudensellerie putzen und feinhacken. Gewaschene Petersilie trockenschleudern, grobe Stengel entfernen und die Blätter feinhacken.

In einer weiten Pfanne 2 Eßlöffel Öl erhitzen und alle Zutaten von Zwiebel bis Petersilie bei mittlerer Hitze kurz dünsten. Das Hackfleisch zugeben und unter laufendem Wenden krümelig braten. Die Gewürze von Salz bis Oregano untermischen.

300 ml pürierte Tomaten mit dem Tomatenmark verrühren, an das Hackfleisch geben und die Mischung bei schwacher Hitze 30 Minuten schmoren lassen.

Inzwischen für die Béchamelsauce die Butter in einem Topf schmelzen, Mehl einrühren und hell anschwitzen lassen.

Fleischbrühe und Milch langsam zugießen und dabei mit dem Schneebesen kräftig schlagen, damit sich keine Klümpchen bilden. Die Sauce einmal aufkochen lassen, mit Salz, Pfeffer und frisch geriebener Muskatnuß abschmecken und auf schwacher Hitze ausquellen lassen.

Die abgetropften Mozzarellakäse in Scheiben von circa 5 mm Stärke schneiden. Alle anderen Zutaten vorbereiten. Backofen auf 200 °C vorheizen.

Vor dem Schichten der Lasagne die Hackfleischmischung und die Béchamelsauce noch einmal abschmecken und eventuell nachwürzen.

Die Backform mit der Hälfte der Butter ausstreichen. Den Boden dünn mit Béchamelsauce überziehen und mit einer Schicht Lasagneblätter auslegen – je nach Größe der Form ergeben sich 3 oder 4 Schichten, die Füllung entsprechend portionieren!

Auf die Lasagneblätter eine Lage Hackfleisch geben, darauf Mozzarellascheiben und etwas Béchamelsauce, mit geriebenem Parmesan bestreuen.

Nun kommen in derselben Reihenfolge wieder Lasagneblätter und die Füllung. Zuoberst liegen Lasagneblätter, die mit der restlichen Béchamelsauce und dem Tomatenpüree überzogen werden. Restlichen Parmesan darüberstreuen und Butterflöckchen aufsetzen.

Lasagne im vorgeheizten Backofen bei 200 °C auf der mittleren Schiene mindestens 30 Minuten backen. Die Oberfläche soll goldbraun gratiniert sein. Den Auflauf vor dem Anschneiden gut 5 Minuten in der Form ruhen lassen.

Nährwerte pro Portion	
Kilokalorien	1160
Kilojoule	4880
Eiweiß/g	59
Kohlenhydrate/g	46
Fett/g	75
Ballaststoffe/g	4

GEFÜLLTE NUDELN UND AUFLÄUFE

Das älteste uns überlieferte italienische Nudelrezept ist 2000 Jahre alt. Damals schrieb Marcus Gravius Apicius die Kochanleitung für eine Art Lasagne in scharf gewürzter Brühe auf.

Grüne Lasagne mit Lammragout

einfach, braucht Zeit, zum Einfrieren
4 Portionen

Für das Lammragout:
| 1 mittelgroße Zwiebel |
| 1 Möhre |
| 2 Stengel Sellerie oder |
| 100 g Sellerieknolle |
| 150 g frischer fetter Speck |
| 300 g Lammhackfleisch |
| 3 EL Tomatenmark |
| 1 EL Rosmarinnadeln, feingehackt |
| Salz |
| frisch gemahlener schwarzer Pfeffer |

Für die Béchamel:
| 40 g Butter |
| 40 g Mehl |
| 600 ml Milch |
| frisch geriebene Muskatnuß |

| Öl zum Ausfetten der Form |
| 300 g grüne Lasagneblätter, gebrauchsfertig |
| 150 g frisch geriebener Parmesankäse |
| 40 g Butter |

Die Zwiebel abziehen, die Möhre und den Sellerie putzen und schälen. Alles Gemüse feinhacken. Den Speck feinwürfeln – wenn er zu weich ist, vorher kurz ins Gefrierfach legen.
Den Speck in einem Topf bei starker Hitze kurz anbraten, das gehackte Gemüse zugeben und 2 Minuten dünsten.

Das Lammhackfleisch einrühren und bröselig braten. Dann das Tomatenmark mit 200 ml Wasser verrühren und zugeben. Das Ragout mit Rosmarin, Salz und Pfeffer würzen und zugedeckt bei schwacher Hitze gut 1 Stunde köcheln lassen.
Zwischendurch ab und zu umrühren.
Inzwischen die Béchamel zubereiten: Die Butter schmelzen, das Mehl darin hell anschwitzen, die Milch zugießen und dabei kräftig mit dem Schneebesen rühren. Die Béchamel salzen und 30 Minuten bei schwacher Hitze ausquellen lassen. Dann mit etwas frisch geriebener Muskatnuß abschmecken.
Eine feuerfeste Form mit Öl ausstreichen. Den Boden mit einer Schicht Lasagneblätter auslegen und darauf 2 Eßlöffel voll Ragout verstreichen. Etwas Parmesan darüberstreuen und dann wieder eine Schicht Lasagneblätter auslegen. Diesmal mit Béchamel bestreichen und wieder mit Käse bestreuen. Dann weitere Lagen, abwechselnd mit Ragout oder Béchamel, in die Form schichten. Die letzte Lage sollte Béchamel mit Käse sein. Darauf die Butter in großen Flocken verteilen.
Den Auflauf in den auf 220 °C vorgeheizten Backofen auf die mittlere Schiene stellen und etwa 25 Minuten backen, bis sich die Oberfläche bräunt. Lasagne in der Form auftragen.

Nährwerte pro Portion	
Kilokalorien	1320
Kilojoule	5520
Eiweiß/g	48
Kohlenhydrate/g	89
Fett/g	75
Ballaststoffe/g	4,4

153

GEFÜLLTE NUDELN UND AUFLÄUFE

Schwäbische Maultaschen mit Zwiebeln und brauner Butter

einfach, braucht Zeit, zum Einfrieren
4 Portionen

250 g Mehl
4 Eier
Salz
1 altbackenes Brötchen
¼ l warme Milch
1 Schalotte
½ Bund Petersilie
125 g Butter
150 g frischer Blattspinat
250 g Schweinehackfleisch
frisch gemahlener Pfeffer
1 TL Majoran
1 Messerspitze gemahlene Muskatnuß
Mehl für die Arbeitsfläche
2 Zwiebeln

Das Mehl auf die Arbeitsfläche sieben. In die Mitte eine Mulde drücken. 2 Eier und 1 Teelöffel Salz hineingeben. Alles von der Mitte aus so lange gut verkneten, bis ein glatter Teig entstanden ist. Sollte der Teig zu krümelig bleiben, nach und nach etwas Wasser zufügen.

Den Teig in Klarsichtfolie einschlagen und circa 20 Minuten ruhen lassen.

Das Brötchen in dünne Scheiben schneiden, mit der heißen Milch übergießen und 15 Minuten quellen lassen.

Die Schalotte abziehen.
Die Petersilie waschen, trockenschütteln. Schalotte und Petersilie hacken.

1 Eßlöffel Butter in einer kleinen Pfanne erhitzen. Die Schalotte darin glasig dünsten, die Petersilie untermischen und kurz mitdünsten. Vom Herd nehmen und abkühlen lassen.

Den Spinat verlesen und waschen.

1 Eßlöffel Butter in einem Topf zerlassen. Den tropfnassen Spinat hineingeben und zugedeckt einige Minuten dünsten, bis er zusammengefallen ist. Spinat in einem Durchschlag abtropfen lassen. Anschließend feinhacken.

1 Ei trennen.
In einer Schüssel das Hackfleisch mit dem ausgedrückten Brötchen, dem Eigelb, dem restlichen Ei, Spinat, der Petersilienmischung, Pfeffer, Majoran, Muskatnuß und Salz zu einer geschmeidigen Farce verarbeiten.

Den Nudelteig in 2 Portionen teilen. Auf einer bemehlten Arbeitsfläche möglichst dünn zu 2 gleich großen Teigplatten ausrollen. Auf eine Teigplatte im Abstand von 6 Zentimetern jeweils 1 gehäuften Teelöffel Füllung verteilen.

Das Eiweiß verquirlen.
Den Teig um die Häufchen mit Eiweiß bestreichen.

Die zweite Teigplatte darüberlegen. Mit dem Teigrad Quadrate ausschneiden. An den Rändern mit einer Gabel zusammendrükken.

Maultaschen 10 Minuten trocknen.

In kochendes Salzwasser geben und 10 Minuten sieden lassen, das Wasser sollte nicht mehr sprudeln.

Die Zwiebeln abziehen, halbieren und in feine Scheiben schneiden.

Die restliche Butter in einer Pfanne zerlassen und die Zwiebeln darin goldbraun braten.

Fertige Maultaschen mit dem Schaumlöffel aus dem Wasser heben und auf eine vorgewärmte Platte legen. Zwiebeln und braune Butter darauf verteilen, frischen Pfeffer darübermahlen und sofort servieren.

Dazu paßt Kopfsalat.

Tip:
Übriggebliebene Maultaschen am nächsten Tag in dünne Scheiben schneiden. In der Pfanne in Butter anrösten. Eier mit frischen gehackten Kräutern verquirlen und über die gerösteten Maultaschen geben.

Tip:
Eine größere Menge Maultaschen herstellen und einen Teil tiefgefrieren. Maultaschen sind eine schmackhafte Einlage in eine Bouillon mit Schnittlauch.

Nährwerte pro Portion	
Kilokalorien	840
Kilojoule	3530
Eiweiß/g	31
Kohlenhydrate/g	57
Fett/g	50
Ballaststoffe/g	3

Meraner Schlutzkrapfen in Schnittlauchsauce

einfach, braucht Zeit, zum Einfrieren

4 Portionen

200 g Weizenmehl
200 g Weizenvollkornmehl
4 Eier
Salz
½ Glas Weißwein
500 g frischer Blattspinat
1 Bund glatte Petersilie
1 Zwiebel
1 Knoblauchzehe
3 EL Butter
75 g Pecorino Käse
3 EL Semmelbrösel
Salz
frisch gemahlener Pfeffer
1 Messerspitze geriebene Muskatnuß
Mehl für die Arbeitsfläche
¼ l heiße Fleischbrühe
200 g Schlagsahne
1 Bund Schnittlauch

Die beiden Mehlsorten bis auf 2 Eßlöffel Weizenmehl auf eine Arbeitsfläche sieben. In die Mitte eine Mulde drücken. 1 Ei trennen. Das Eigelb, 3 Eier und 1 Teelöffel Salz hineingeben. Alles von der Mitte aus so lange gut verkneten, bis ein glatter Teig entstanden ist. Dabei nach und nach 3 bis 5 Eßlöffel Weißwein zufügen. Den Teig in ein feuchtes Küchentuch einschlagen und circa 1 Stunde bei Zimmertemperatur ruhen lassen.

Inzwischen für die Füllung den Spinat verlesen, die groben Stiele entfernen. Spinat und die Petersilie waschen und tropfnaß grob hacken. Die Zwiebel und die Knoblauchzehe abziehen und feinhacken.

In einer Kasserolle 1 Eßlöffel Butter zerlassen. Zwiebel und Knoblauch darin glasig andünsten. Spinat und Petersilie hineingeben und einige Minuten zugedeckt dünsten, bis der Spinat zusammengefallen ist. Anschließend in einem Durchschlag abtropfen lassen.

Den Pecorino reiben. In einer Schüssel Spinat, Käse und Semmelbrösel vermischen. Die Füllung mit Salz, Pfeffer und Muskatnuß abschmecken.

Den Nudelteig auf einer bemehlten Arbeitsfläche möglichst dünn ausrollen. Mit einem runden Förmchen mit 8 cm Durchmesser Kreise ausstechen. Die Kreisränder mit Eiweiß bestreichen, in die Mitte jeweils 1 knappen Eßlöffel Füllung setzen und den Teig zur Hälfte darüberklappen. Am Rand mit einer Gabel zusammendrücken. Die Schlutzkrapfen 10 Minuten trocknen lassen.

In einer Kasserolle die restliche Butter zerlassen. 2 Eßlöffel Mehl unter Rühren in der Butter bräunen. Nach und nach die heiße Fleischbrühe angießen und die Schlagsahne unterrühren. Mit Salz, Pfeffer und dem restlichen Weißwein abschmecken und leise köcheln lassen.

Reichlich Salzwasser in einem großen Topf zum Kochen bringen. Die Schlutzkrapfen portionsweise hineingeben und circa 10 Minuten sieden lassen, das Wasser sollte nicht mehr sprudeln. Fertige Schlutzkrapfen warm stellen.

Den Schnittlauch waschen, trockentupfen und in feine Röllchen schneiden. Zur Sauce geben. Die Schlutzkrapfen auf 4 vorgewärmte Teller verteilen, mit der Schnittlauchsauce überziehen und sofort servieren.

Dazu schmeckt grüner Salat mit einer Kräutervinaigrette.

Tip:
Eine größere Menge Schlutzkrapfen zubereiten und einfrieren.

Statt mit Schnittlauchsauce mit brauner Butter und Zwiebelringen servieren.

Nährwerte pro Portion	
Kilokalorien	810
Kilojoule	3390
Eiweiß/g	31
Kohlenhydrate/g	77
Fett/g	37
Ballaststoffe/g	8,4

GEFÜLLTE NUDELN UND AUFLÄUFE

Kärntner Kastaschen

einfach, zum Tiefkühlen
4 Portionen

3 Eier
300 g Mehl
1½ EL Olivenöl
Salz
200 g Quark, 20 % Fett i. Tr.
1 EL gehackter Kerbel
100 g Frühstücksspeck
100 g Butter
4 EL Semmelbrösel

Zwei Eier trennen. Aus 1 Eiweiß, dem restlichen ganzen Ei, dem Mehl, dem Olivenöl, 1 Teelöffel Salz und circa 1 bis 2 Eßlöffeln Wasser einen Nudelteig kneten.

Den Teig 20 Minuten bei Zimmertemperatur ruhen lassen.

Inzwischen den Quark mit dem Eigelb, dem Kerbel und etwas Salz glatt verrühren. Den Nudelteig halbieren und zu zwei dünnen Platten ausrollen.

Auf eine Platte im Abstand von 6 cm kleine Häufchen Quark verteilen. Den Teig dazwischen mit dem restlichen Eiweiß bestreichen, die zweite Platte darüberlegen und fest andrücken.

Die Kastaschen mit dem Teigrad ausschneiden und 10 Minuten antrocknen lassen.

In einem Topf Salzwasser zum Kochen bringen und die Kastaschen darin circa 10 Minuten kochen und dann abgießen.

Währenddessen den Frühstücksspeck feinwürfeln und in einer Pfanne bei mittlerer Hitze auslassen.

In einer zweiten Pfanne die Butter zerlassen und die Semmelbrösel darin goldbraun rösten.

Auf einer vorgewärmten Platte die Kastaschen anrichten, Semmelbrösel und Butter sowie die Speckwürfel darüber verteilen und sofort servieren.

Nährwerte pro Portion	
Kilokalorien	830
Kilojoule	3480
Eiweiß/g	23
Kohlenhydrate/g	64
Fett/g	49
Ballaststoffe/g	2,0

Schweizer Nudelgratin

einfach, braucht Zeit
4 Portionen

400 g Bandnudeln
Salz
250 g Greyerzer Käse
200 g roher Schinken am Stück
3 Eier
200 g Schlagsahne
2 EL Crème fraîche
frisch gemahlener Pfeffer
1 Messerspitze gemahlene Muskatnuß
Butter für die Form
1 EL Butter

Die Nudeln in Salzwasser nach Anleitung bißfest garen. In ein Sieb abschütten, kurz mit kaltem Wasser abschrecken und abtropfen lassen.

Den Käse reiben. Vom rohen Schinken das Fett entfernen, Schinken in kleine Würfel schneiden.

Die Eier trennen. Das Eigelb mit der Schlagsahne und der Crème fraîche verquirlen, mit Pfeffer und Muskatnuß würzen.

In einer Schüssel die Nudeln mit dem Schinken, dem Käse und der Eisahne vermengen. Das Eiweiß steif schlagen und zuletzt unter die Nudeln heben.

Eine Auflaufform ausfetten und die Nudelmasse hineinfüllen. Die Butter in Flöckchen daraufsetzen. Im vorgeheizten Backofen auf der mittleren Schiene bei 200 °C 25 bis 30 Minuten überbacken. In der Form servieren.

Nährwerte pro Portion	
Kilokalorien	*1110*
Kilojoule	*4640*
Eiweiß/g	*44*
Kohlenhydrate/g	*73*
Fett/g	*65*
Ballaststoffe/g	*2,9*

Spätzle-Kraut-auflauf

einfach, braucht Zeit
4 Portionen

1 Zwiebel
1 EL Butterschmalz
500 g Sauerkraut
1 Lorbeerblatt
¼ l Fleischbrühe
¼ l Weißwein
Salz
frisch gemahlener weißer Pfeffer
350 g Mehl
4 Eier
200 g Frühstücksspeck
125 g saure Sahne
Fett für die Form
3 EL Semmelbrösel
2 EL Butter

Die Zwiebel abziehen und feinhacken. Das Butterschmalz in einem Topf erhitzen und die Zwiebel darin glasig dünsten. Dann das Sauerkraut und das Lorbeerblatt zufügen, mit Fleischbrühe und Weißwein aufgießen und mit 1 Prise Salz und Pfeffer würzen. Bei mittlerer Hitze zugedeckt 30 Minuten köcheln lassen.

Inzwischen das Mehl, 3 Eier und 1 Teelöffel Salz in eine Schüssel geben. Nach und nach unter Rühren ¼ Liter Wasser zugeben. Alles zu einem dickflüssigen Teig verrühren und so lange mit einem Holzlöffel schlagen, bis der Teig Blasen wirft.

Einen großen Topf zur Hälfte mit Wasser füllen, Salz zugeben und das Wasser zum Kochen bringen. Den Teig portionsweise durch eine Spätzlepresse oder mit dem Spätzlehobel ins sprudelnde Wasser drücken. Dabei die Geräte vor dem Füllen in heißes Wasser tauchen, dann mit Teig füllen und erst gefüllt auf den Topf setzen.

Nach 3 bis 5 Minuten die Spätzle mit einem Schaumlöffel in ein Sieb herausheben und unter kaltem Wasser kurz durchspülen. Dann in eine Schüssel mit lauwarmem Wasser geben und darin warm halten, bis alle Spätzle fertig sind.

Den Frühstücksspeck in feine Streifen schneiden. In einer Pfanne ohne Fett den Speck auslassen. Das restliche Ei mit der sauren Sahne verquirlen und zusammen mit dem Speck unter das Kraut mischen.

In eine gefettete Auflaufform schichtweise Spätzle und Sauerkraut einfüllen. Die Semmelbrösel darüberstreuen und die Butter in Flöckchen daraufsetzen. Im vorgeheizten Backofen bei 200 °C auf der mittleren Schiene circa 15 Minuten überbacken und in der Form servieren.

Als Beilage reicht man gartenfrische Blattsalate, angemacht mit einer Kräutervinaigrette.

Tip:
Wer auf den Frühstücksspeck verzichten möchte, überbäckt den Auflauf mit 100 g geriebenem Käse, Semmelbröseln und Butter.

Nährwerte pro Portion	
Kilokalorien	*930*
Kilojoule	*3890*
Eiweiß/g	*25*
Kohlenhydrate/g	*74*
Fett/g	*54*
Ballaststoffe/g	*5,3*

In einer deutschen Klosterküche sollen zum erstenmal Eier unter den Nudelteig geraten sein. Und es waren die Schwaben, die entgegen ihrem Ruf ganz verschwenderisch mit dem Eierteig umgingen. Das schmackhafte Ergebnis ihrer Nudelleidenschaft: Spätzle, Maultaschen, Nudelfleck und Eiernudeln.

GEFÜLLTE NUDELN UND AUFLÄUFE

Gratinierte Pasta

2 Portionen

1 Beutel oder ca. 200 g gefüllte Pasta, wie Tortellini oder Ravioli; Füllung nach Ihrem Geschmack
30 g Butter
1 Mozzarellakäse
1 Beutel oder ca. 100 ml fertige italienische Tomatensauce
40 g geriebener Parmesankäse

Die Pasta nach Anweisung auf der Packung kurz in Salzwasser garen. Eine Gratinform mit der Hälfte der Butter ausstreichen. Abgetropfte Pasta einfüllen.

Den abgetropften Mozzarellakäse in Würfel schneiden und zwischen der Pasta verteilen. Mit Tomatensauce überziehen und mit geriebenem Parmesankäse bestreuen. Die restliche Butter in Flöckchen darauf verteilen.

Im vorgeheizten Backofen bei 220 °C in circa 15 Minuten goldbraun überbacken.

Bei Verwendung von halbfertigen Produkten ist das ein echtes Blitzrezept.

Nährwerte pro Portion	
Kilokalorien	540
Kilojoule	2240
Eiweiß/g	28
Kohlenhydrate/g	15
Fett/g	37
Ballaststoffe/g	2

Maccheroncini mit Sardinen, sizilianische Art

einfach, braucht Zeit
4 Portionen

250 g wilder Fenchel
Salz
500 g frische Sardinen
4 Sardellenfilets
1 Zwiebel
2 Knoblauchzehen
1 Messerspitze Safran
6 EL Olivenöl
60 g Pinienkerne
frisch gemahlener Pfeffer
350 g Maccheroncini
Fett für die Form

Die Fenchelknollen von den harten Blättern befreien und gründlich waschen. In einem Topf 2 Liter Wasser mit ½ Teelöffel Salz und dem Fenchel aufsetzen und zum Kochen bringen. Bei mittlerer Hitze 10 Minuten köcheln lassen. Dann den Fenchel mit einem Schaumlöffel herausheben, das Kochwasser aufheben. Fenchel abtropfen lassen, in einem Küchentuch gut ausdrücken und feinhacken.

Die Sardinen der Länge nach aufschneiden, ausnehmen und Kopf, Mittelgräte und Schwanz entfernen. Sardinen waschen, trockentupfen und salzen.

Die Sardellenfilets unter fließendem Wasser waschen, trockentupfen und grob hacken. Die Zwiebel und die Knoblauchzehen abziehen und feinhacken. Den Safran in wenig Wasser auflösen.

In einer tiefen Pfanne 5 Eßlöffel Olivenöl erhitzen, Zwiebel und Knoblauch darin glasig andünsten. Die Hälfte der Sardinen und den aufgelösten Safran zufügen. Bei mittlerer Hitze unter Rühren mit einem Holzlöffel so lange garen, bis eine breiartige Paste entsteht. Sardellen, Pinienkerne und Fenchel unterrühren und kräftig mit Pfeffer und Salz würzen. Zugedeckt bei kleiner Hitze einige Minuten ziehen lassen, dann warm stellen.

Das restliche Olivenöl in einer Pfanne erhitzen und die andere Hälfte der Sardinen 10 Minuten von beiden Seiten bei kleiner Hitze braten. Vom Herd nehmen.

Das Fenchelwasser zum Kochen bringen und die Maccheroncini darin 10 bis 12 Minuten garen. Abgießen, kurz abtropfen lassen und dann sofort mit der Hälfte der Sardinensauce vermischen.

Eine feuerfeste Auflaufform ausfetten. Nun in Schichten jeweils Nudeln, Sardinen und etwas Sauce einfüllen. Als letzte Lage Nudeln in die Form geben und mit der restlichen Sauce überziehen. Form mit Alufolie abdecken.

Im vorgeheizten Backofen auf der mittleren Schiene bei 175 °C circa 20 Minuten überbacken und in der Form servieren.

Nährwerte pro Portion	
Kilokalorien	*710*
Kilojoule	*2980*
Eiweiß/g	*32*
Kohlenhydrate/g	*66*
Fett/g	*31*
Ballaststoffe/g	*4,8*

GEFÜLLTE NUDELN UND AUFLÄUFE

Spaghetti-Krabbenauflauf

4 Portionen

100 g Kokosflocken
¼ l Milch
400 g Spaghetti
400 g Krabben
Salz
Pfeffer
⅛ l Weißwein
1 Knoblauchzehe, abgezogen und gehackt
2 EL Butter
1 große Zwiebel, gewürfelt
4 Tomaten, entkernt und gewürfelt
je 1 rote und gelbe Paprikaschote, entkernt und gewürfelt
½ Bund glatte Petersilie, gehackt
Fett für die Form
30 g geriebener Parmesankäse zum Bestreuen

Kokosflocken mit ¼ Liter heißer Milch übergießen und quellen lassen. Spaghetti in Salzwasser bißfest kochen, abgießen und grob hacken.

Krabben mit Salz, Pfeffer, Weißwein und Knoblauch marinieren.

Butter in einem Topf schmelzen, Zwiebel, Tomaten, Paprikaschoten und Petersilie andünsten.

Die Krabben samt Marinade zugeben und im offenen Topf bei mittlerer Hitze circa 5 Minuten dünsten.

Die Kokosmasse in ein Tuch geben und die Milch auspressen, in die Krabbenmischung rühren. Alles köcheln lassen, bis die Sauce sämig wird.

Eine feuerfeste Form mit Fett ausstreichen. Spaghetti und Krabbenmischung einfüllen und mit geriebenem Käse bestreuen.

Im vorgeheizten Backofen bei 200 °C auf der mittleren Schiene circa 20 Minuten backen.

Nährwerte pro Portion	
Kilokalorien	640
Kilojoule	2670
Eiweiß/g	35
Kohlenhydrate/g	79
Fett/g	16
Ballaststoffe/g	5

Spiralnudel-Brokkoliauflauf

einfach
4 Portionen

600 g TK-Brokkoli
350 g Spiralnudeln
Salz
150 g gekochten Schinken
Butter für die Form
4 Eier
200 g Schlagsahne
2 Messerspitzen geriebene Muskatnuß
frisch gemahlener Pfeffer
100 g geriebener Emmentaler

Den Brokkoli in einem Durchschlag auftauen lassen.

In der Zwischenzeit die Spiralnudeln in kochendem Salzwasser 10 bis 12 Minuten bißfest garen. Abschütten und gut abtropfen lassen.

Vom gekochten Schinken den Fettrand entfernen, Schinken in dünne Streifen schneiden.

Eine Auflaufform mit Butter ausfetten. Schinken, Nudeln und Brokkoli vorsichtig vermischen und in die Form geben.

Die Eier mit der Schlagsahne, Salz, Muskatnuß und Pfeffer verquirlen und über den Auflauf gießen. Den Emmentaler darüberstreuen.

Im vorgeheizten Backofen bei 200 °C circa 25 Minuten goldbraun überbacken.

Zum Auflauf gemischten Salat mit Kräuterdressing reichen.

Nährwerte pro Portion	
Kilokalorien	830
Kilojoule	3460
Eiweiß/g	42
Kohlenhydrate/g	71
Fett/g	37
Ballaststoffe/g	13

GEFÜLLTE NUDELN UND AUFLÄUFE

Sizilianischer Spaghettiauflauf

einfach
4 Portionen

1 Zwiebel
1 Knoblauchzehe
½ Bund Petersilie
1 EL frische Basilikumblätter
3 EL Butter
300 g Rinderhack
1 kleine Dose geschälte Tomaten, 400 g
⅛ l Rotwein
Salz
frisch gemahlener Pfeffer
300 g Spaghetti
75 g frisch geriebener Parmesan
100 g Provolone picante
Fett für die Form

Die Zwiebel und die Knoblauchzehe abziehen.
Die Petersilie und die Basilikumblätter waschen, trockenschleudern. Zwiebel, Knoblauch, Petersilie und Basilikum feinhacken.
2 Eßlöffel Butter in einer tiefen Pfanne zerlassen. Zwiebel, Knoblauch und die Kräuter darin einige Minuten andünsten.
Das Hackfleisch dazugeben, gut durchmischen und 5 Minuten anbraten.
Die Tomaten mit dem Saft dazugeben, Tomaten mit einer Gabel am Pfannenrand zerdrücken.
Den Rotwein angießen, mit Salz und Pfeffer würzen. Hackfleischsauce zugedeckt bei mittlerer Hitze circa 30 Minuten köcheln.
Die Spaghetti in Salzwasser al dente kochen. Abgießen, gut abtropfen lassen und in eine Schüssel umfüllen. Die Sauce und den Parmesan unterziehen.
Den Provolone in dünne Scheiben schneiden.
Eine Auflaufform ausfetten. Die Hälfte der Nudeln hineingeben und mit der Hälfte der Käsescheiben bedecken. Restliche Nudeln einfüllen und den übrigen Käse darauflegen. Die restliche Butter als Flöckchen darüber verteilen.
Im vorgeheizten Backofen auf der mittleren Schiene bei 175 °C circa 20 Minuten überbacken.
Aus dem Ofen nehmen und in der Form servieren.

Nährwerte pro Portion	
Kilokalorien	730
Kilojoule	3040
Eiweiß/g	38
Kohlenhydrate/g	57
Fett/g	34
Ballaststoffe/g	4

Vermicelli, fürstliche Art

einfach
4 Portionen

200 g Hühnerbrust ohne Knochen
Salz
350 g Vermicelli
150 g gekochte Rinderzunge
2 EL Butter
200 g TK-Erbsen
⅛ l Weißwein
1 EL Fleischextrakt
½ TL Oregano
frisch gemahlener Pfeffer
2 Fleischtomaten
200 g Mozzarella
Butter für die Form

Die Hühnerbrust waschen und trockentupfen. In kochendem Salzwasser 20 Minuten garen. Hühnerbrust herausheben, enthäuten und in dünne Scheiben schneiden.
Die Vermicelli in Salzwasser 10 bis 12 Minuten kochen. In einen Durchschlag abgießen, kurz mit heißem Wasser durchspülen und abtropfen lassen.
Die Zunge in schmale Streifen schneiden.
In einer tiefen Pfanne die Butter zerlassen. Erbsen darin 2 Minuten dünsten. Hühnerfleisch und Zunge zufügen. Den Weißwein angießen, Fleischextrakt unterrühren. Mit Salz, Oregano und Pfeffer würzen. Die Nudeln dazugeben, alles gut vermischen und kurz bei kleiner Hitze ziehen lassen. Vom Herd nehmen und etwas abkühlen lassen.
Die Tomaten waschen. Tomaten und Mozzarella in dünne Scheiben schneiden. Eine Auflaufform mit Butter ausstreichen.
Die Nudelmischung in der Auflaufform pyramidenförmig aufschichten und mit den Tomatenscheiben bedecken. Mozzarellascheiben auf die Tomaten legen.
Im vorgeheizten Backofen bei 220 °C circa 15 Minuten überbacken, bis der Käse braun wird und schmilzt. In der Form auftragen.

Nährwerte pro Portion	
Kilokalorien	710
Kilojoule	2990
Eiweiß/g	41
Kohlenhydrate/g	73
Fett/g	24
Ballaststoffe/g	6,5

Gratinierte Lachs-Zucchininudeln

einfach
4 Portionen

250 g breite Bandnudeln
Salz
600 g Zucchini
Fett und Knoblauch für die Form
150 g Räucherlachs in dünnen Scheiben
⅛ l Fischfond
125 g Schlagsahne
frisch gemahlener schwarzer Pfeffer
frische Dillspitzen
60 g Raclettekäse
60 g Bergkäse oder Emmentaler

Die Bandnudeln in reichlich Salzwasser nach der Packungsbeschreibung knapp al dente kochen.

Inzwischen die Zucchini putzen, waschen und der Länge nach in ½ cm dicke Scheiben, die Scheiben dann in bandnudelbreite Streifen schneiden. Die letzte Minute zu den Bandnudeln geben und mitgaren. In einem Sieb abtropfen lassen, dann in eine gefettete, mit Knoblauch ausgeriebene Gratinform umfüllen.

Den Lachs in breite Streifen schneiden und unter die Nudeln mischen.

Fischfond und Sahne verquirlen, mit Pfeffer und Dill würzen, über die Nudeln träufeln. Den Käse reiben und aufstreuen, das Gratin auf der mittleren Schiene in den vorgeheizten Ofen stellen und bei 225 °C etwa 15 Minuten goldgelb gratinieren. Pfeffer darüber mahlen.

Nährwerte pro Portion	
Kilokalorien	550
Kilojoule	2300
Eiweiß/g	28
Kohlenhydrate/g	46
Fett/g	27
Ballaststoffe/g	4

GEFÜLLTE NUDELN UND AUFLÄUFE

Makkaroniauflauf

einfach, braucht Zeit
4 Portionen

1 große Aubergine
Salz
1 Zwiebel
1 Knoblauchzehe
3 EL Olivenöl
250 g gemischtes Hackfleisch
2 EL Tomatenmark, 3fach konzentriert
frisch gemahlener Pfeffer
350 g Makkaroni
3 reife Tomaten
150 g Mozzarella
Butter für die Form
4 Eier
200 g Schlagsahne
50 g geriebener Parmesan

Die Aubergine waschen, Blüten- und Stielansatz entfernen. Aubergine in 2 cm dicke Scheiben, dann in Würfel schneiden. In einen Durchschlag geben und mit Salz bestreuen. 15 Minuten Wasser ziehen lassen, dabei gelegentlich wenden. Dann die Auberginenwürfel mit Küchenpapier trockentupfen.

Die Zwiebel und die Knoblauchzehe abziehen und feinhacken.

In einer tiefen Pfanne das Olivenöl erhitzen, Zwiebel und Knoblauch darin glasig dünsten. Das Hackfleisch unterrühren und so lange braten, bis es krümelig ist. Mit Tomatenmark, Salz und Pfeffer abschmecken. Die Auberginenwürfel zufügen und 10 Minuten mitbraten.

Inzwischen die Makkaroni in mundgerechte Stücke brechen und in kochendem Salzwasser 10 bis 12 Minuten garen. Abschütten und kurz abtropfen lassen.

Die Tomaten waschen und in Würfel schneiden. Den Mozzarella in dünne Scheiben schneiden.

Eine Auflaufform ausfetten. Nudeln, Hackfleischmischung und Tomaten lagenweise hineinfüllen. Als letzte Schicht die Mozzarellascheiben darauflegen.

Die Eier mit der Sahne und dem Parmesan verquirlen und über den Auflauf gießen.

Im vorgeheizten Backofen bei 220 °C circa 30 Minuten überbacken.

Nährwerte pro Portion	
Kilokalorien	1040
Kilojoule	4360
Eiweiß/g	43
Kohlenhydrate/g	76
Fett/g	56
Ballaststoffe/g	7

Rigatoni-Auflauf mit Mangold

einfach
4 Portionen

250 g Rigatoni
Salz
750 g Mangold
1 Knoblauchzehe
1 Zwiebel
2 EL Butter
250 g gekochter Schinken
Butter für die Form
150 g Mascarpone
150 g Schlagsahne
frisch gemahlener Pfeffer
1 Messerspitze Muskatnuß
100 g geriebener Emmentaler

Die Rigatoni in kochendem Salzwasser 10 bis 12 Minuten bißfest garen. In einen Durchschlag abgießen, kurz mit heißem Wasser durchspülen und abtropfen lassen.

Vom Mangold die groben Blattrippen entfernen, die Blätter in breite Streifen schneiden und waschen. Die Knoblauchzehe und die Zwiebel abziehen und feinhacken.

In einem Topf die Butter zerlassen. Knoblauch und Zwiebel darin goldgelb dünsten, dann den tropfnassen Mangold hineingeben und zugedeckt einige Minuten dünsten, bis er zusammengefallen ist. Mangold in einem Durchschlag abtropfen lassen. Anschließend hacken.

Den Fettrand vom Schinken entfernen, Schinken in schmale Streifen schneiden.

Eine feuerfeste Form mit Butter ausstreichen. Nudeln, Schinken und Mangold abwechselnd in die Form schichten.

Für die Sauce den Mascarpone, die Schlagsahne, Salz, Pfeffer und Muskatnuß

verquirlen und über den Auflauf gießen. Den geriebenen Emmentaler darüber verteilen.

Im vorgeheizten Backofen bei 200 °C circa 20 Minuten überbacken, bis der Käse braun wird.

Dazu paßt Tomatensalat.

Nährwerte pro Portion
Kilokalorien 820
Kilojoule 3430
Eiweiß/g 35
Kohlenhydrate/g 52
Fett/g 48
Ballaststoffe/g 5

Pasticcio di Maccheroni

einfach, braucht Zeit
6 Personen

120 g Butter
2 EL Olivenöl
1 Zwiebel
2 Knoblauchzehen
400 g geschälte Tomaten aus der Dose
½ EL getrocknete italienische Kräuter
Salz
frisch gemahlener schwarzer Pfeffer
250 g lange Makkaroni
75 g Mehl
600 ml Milch
75 g geriebener Gruyère-Käse
Muskatnuß
4 EL frisch geriebener Parmesan
3 EL Semmelbrösel

Für die Tomatensauce 50 Gramm Butter in einem schweren Kochtopf zusammen mit dem Olivenöl schmelzen.

Die Zwiebel und die Knoblauchzehen abziehen und feinhacken. In das heiße Fett geben und 5 Minuten dünsten, bis sie weich, aber nicht braun sind.

Die Tomaten, die Kräutermischung, Salz und Pfeffer hinzufügen und gut durchmischen. Zum Kochen bringen und solange mit einem Holzlöffel rühren, bis sich die Tomaten auflösen.

Dann auf kleine Hitze stellen und 10 Minuten köcheln lassen. Dabei ab und zu umrühren.

Inzwischen die Makkaroni nach Grundrezept kochen, bis sie gerade weich sind.

Für die Käsesauce die restliche Butter in einem anderen Topf zerlassen, das Mehl hineingeben und auf kleiner Hitze unter ständigem Rühren anschwitzen.

Den Topf vom Feuer nehmen und die Milch nach und nach dazugießen, nach jeder Zugabe glattrühren.

Langsam unter ständigem Rühren zum Kochen bringen, bis die Sauce eindickt. Den Gruyère dazugeben, nach Geschmack würzen und bis zum Schmelzen weiterrühren.

Den Backofen auf 200 °C vorheizen.

Die fertigen Makkaroni abgießen, abtropfen lassen und mit der Tomatensauce mischen. Die Hälfte dieser Mischung in einer gebutterten, feuerfesten Form anrichten.

Die Hälfte der Käsesauce darübergießen. Den Vorgang wiederholen, zum Schluß gleichmäßig mit Parmesan und Semmelbröseln bestreuen.

Den Auflauf im Backofen circa 15 Minuten backen, dann kurz unter dem Grill noch knusprig braun werden lassen.

Dazu paßt ein knackiger Salat.

Nährwerte pro Portion
Kilokalorien 560
Kilojoule 2360
Eiweiß/g 16
Kohlenhydrate/g 49
Fett/g 31
Ballaststoffe/g 2,8

Die Wiege der Makkaroni stand in Arabien. Hier entwickelte man im frühen Mittelalter die Methode, Nudelteig um dünne Stöckchen zu wickeln und an der Luft zu trocknen. So wurden die Nudeln haltbar und man konnte sie auf die langen Karawanenreisen mitnehmen. Dem Trick mit dem Stöckchen verdanken die Makkaroni ihren Hohlraum.

GEFÜLLTE NUDELN UND AUFLÄUFE

Makkaroniauflauf, sizilianische Art

einfach, braucht Zeit
4 Portionen

| 800 g Auberginen |
| 1 große Zwiebel |
| 1 Möhre |
| 1 Stengel Sellerie oder 50 g Sellerieknolle |
| Öl |
| 1 Bund Basilikum |
| 800 g geschälte Tomaten, abgetropft |
| Salz |
| frisch gemahlener schwarzer Pfeffer |
| 2 Kugeln Mozzarella |
| 100 g Pecorino |
| 300 g Makkaroni |

Die Auberginen putzen, waschen, trocknen und quer in Scheiben schneiden. Eine große Pfanne mit dickem Boden erhitzen und die Auberginenscheiben – ohne Fett – auf beiden Seiten braun braten und aus der Pfanne heben.

Die Zwiebel abziehen und feinhacken. Möhre und Sellerie schälen und ebenfalls hacken. 2 Eßlöffel Öl in einem Topf erhitzen und das Gemüse darin andünsten.

Das Basilikum waschen, trockenschütteln und die Blätter grob hacken. Die Tomaten hacken und mit dem Basilikum in den Topf geben, leicht salzen. Die Sauce im geschlossenen Topf und bei schwacher Hitze 40 Minuten köcheln lassen, damit sie eindickt. Dann mit Salz und Pfeffer abschmekken.

Die beiden Mozzarellakäse in dünne Scheiben schneiden und den Pecorino reiben.

Die Makkaroni in Stücke brechen und in sprudelndem Salzwasser bißfest kochen. Dann abgießen, gut abtropfen lassen und mit der Hälfte der Sauce und des Pecorino vermischen.

Eine feuerfeste Form mit Öl ausstreichen und die Hälfte der Nudelmischung hineingeben. Die Hälfte der Auberginen- und Mozzarellascheiben darauf verteilen. Dann die restlichen Nudeln darübergeben und wieder mit Aubergine und Mozzarella belegen. Nun die restliche Tomatensauce darüberstreichen und mit dem restlichen Pecorino bestreuen.

Den Makkaroniauflauf in den auf 220 °C vorgeheizten Backofen auf die mittlere Schiene stellen und circa 20 Minuten überbacken.

Den Auflauf in der Form servieren.

Nährwerte pro Portion	
Kilokalorien	650
Kilojoule	2710
Eiweiß/g	35
Kohlenhydrate/g	66
Fett/g	23
Ballaststoffe/g	8,3

Gratinierte Spaghetti mit Putenleber

einfach
4 Portionen

300 g Spaghetti	
Salz	
1 Zwiebel	
300 g Putenleber	
2 Gewürzgurken	
1 EL Butter	
½ TL Thymian	
frisch gemahlener schwarzer Pfeffer	
Butter für die Form	
2 Eier	
200 g Schlagsahne	
1 Prise gemahlene Muskatnuß	
100 g geriebener Käse	

Die Spaghetti in circa 6 cm lange Stücke brechen und in kochendem Salzwasser 8 Minuten bißfest garen. Dann in ein Sieb abschütten und mit kaltem Wasser abschrecken.

Die Zwiebel schälen und feinhacken. Die Häutchen von der Putenleber entfernen und die Leber in schmale Streifen schneiden. Die Gewürzgurken feinhacken.

In einer Pfanne die Butter zerlassen und die Zwiebel darin andünsten. Putenleber untermischen und bei mittlerer Hitze 4 Minuten braten. Mit Thymian, Pfeffer und Salz abschmecken. Spaghetti und Gewürzgurken daruntermengen und vom Herd nehmen.

Eine flache Auflaufform ausfetten und die Spaghettimasse hineinfüllen. Die Eier mit der Schlagsahne verquirlen, mit Muskatnuß würzen und die Hälfte des Käses einrühren. Über die Spaghetti gießen und den restlichen Käse darüberstreuen.

Im vorgeheizten Backofen auf der mittleren Schiene bei 200 °C circa 20 Minuten überbacken, bis der Käse braun ist.

Zu den gratinierten Spaghetti Tomatensalat servieren.

Nährwerte pro Portion	
Kilokalorien	730
Kilojoule	3040
Eiweiß/g	35
Kohlenhydrate/g	57
Fett/g	35
Ballaststoffe/g	2,6

GEFÜLLTE NUDELN UND AUFLÄUFE

Lasagnette al forno
Auflauf von Schinkennudeln

einfach, zum Einfrieren
4 Portionen

1 große Zwiebel
100 g Butter
300 g gekochter Schinken am Stück
Salz
300 g Lasagnette
5 Eier
200 g Schlagsahne
frisch gemahlener schwarzer Pfeffer
2 EL Semmelbrösel

Die Zwiebel abziehen, feinhacken und in der Hälfte der Butter goldgelb dünsten.

Den Schinken in kleine Würfel schneiden.

Die Nudeln in Stücke brechen, in sprudelndem Salzwasser bißfest kochen, abgießen, mit kaltem Wasser abschrecken und gut abtropfen lassen.

Zwiebel, Schinkenwürfel und Nudeln vermischen.

Die Eier trennen und das Eigelb mit der Sahne verrühren, mit Salz und Pfeffer würzen.

Das Eiweiß zu steifem Schnee schlagen und die Eigelbmischung löffelweise unterziehen. Diese Masse mit den Nudeln vermischen.

Eine feuerfeste Form mit etwas Butter fetten und mit den Semmelbröseln ausstreuen. Die Auflaufmasse einfüllen und die restliche Butter in Flöckchen auf der Oberfläche verteilen. Die Form mit Alufolie bedecken.

Den Auflauf in den auf 200 °C vorgeheizten Backofen stellen und 20 Minuten backen. Dann die Folie entfernen und den Auflauf weitere 10 Minuten backen. In der Form servieren.

Dazu eine große Schüssel gemischte Blattsalate reichen.

Nährwerte pro Portion	
Kilokalorien	910
Kilojoule	3820
Eiweiß/g	34
Kohlenhydrate/g	60
Fett/g	55
Ballaststoffe/g	2,8

Überbackene Vermicelli

einfach
4 Portionen

30 g getrocknete Steinpilze	
100 g roher Schinken	
2 Knoblauchzehen	
3 EL Olivenöl	
⅛ l Fleischbrühe	
Salz	
frisch gemahlener Pfeffer	
350 g Vermicelli	
Butter für die Form	
3 Eier	
200 g Schlagsahne	
50 g geriebener Parmesan	
½ TL Thymian	
2 EL Semmelbrösel	
2 EL Butter	

Die Steinpilze in lauwarmem Wasser 10 Minuten einweichen. Anschließend in einem Sieb gut abtropfen lassen und grob hacken.

Den Schinken in feine Streifen schneiden. Die Knoblauchzehen abziehen und feinhacken.

Das Olivenöl in einer Pfanne erhitzen. Pilze und Knoblauch darin unter Rühren 5 Minuten dünsten, dann den Schinken zufügen. Die Fleischbrühe angießen, Sauce mit Salz und Pfeffer abschmecken und bei kleiner Hitze 10 Minuten köcheln.

Die Vermicelli in kochendem Salzwasser 10 bis 12 Minuten garen. In einen Durchschlag abschütten, kurz mit heißem Wasser durchspülen und abtropfen lassen.

Eine ovale Auflaufform mit Butter ausstreichen. Nudeln mit der Pilzsauce vermischen und in die Form füllen.

Die Eier mit der Schlagsahne, dem Parmesan und dem Thymian verquirlen und über den Auflauf gießen. Mit den Semmelbröseln bestreuen. Die Butter als Flöckchen daraufsetzen.

Im vorgeheizten Backofen bei 220 °C circa 15 Minuten überbacken, bis der Auflauf eine goldbraune Kruste hat. In der Form servieren.

Als Beilage frische Blattsalate mit Kräuterdressing reichen.

Nährwerte pro Portion	
Kilokalorien	880
Kilojoule	3690
Eiweiß/g	26
Kohlenhydrate/g	78
Fett/g	47
Ballaststoffe/g	5,3

Vollkornnudelgratin mit Tomaten und Champignons

einfach, braucht Zeit
4 Portionen

350 g Vollkornbandnudeln	
Salz	
4 reife Tomaten	
1 Bund glatte Petersilie	
100 g Champignons	
Fett für die Form	
frisch gemahlener Pfeffer	
2 Eier	
200 g Schlagsahne	
1 Messerspitze geriebene Muskatnuß	
100 g Gouda in Scheiben	
1 Bund Schnittlauch	

Die Nudeln in kochendem Salzwasser 12 bis 15 Minuten garen. Abgießen und abtropfen lassen.

Die Tomaten waschen und in Scheiben schneiden. Die Petersilie waschen, trockenschütteln und hacken. Die Champignons putzen, unter fließendem Wasser waschen und blättrig schneiden.

Eine flache Auflaufform ausfetten. Nudeln, Champignons und die Tomatenscheiben hineinschichten. Mit der Petersilie bestreuen und kräftig pfeffern.

Die Eier mit der Schlagsahne, Salz und Muskatnuß verquirlen. Über den Auflauf gießen und mit den Goudascheiben belegen.

Im vorgeheizten Backofen auf der mittleren Schiene bei 225 °C 25 bis 30 Minuten überbacken.

Den Schnittlauch waschen, trockentupfen und in feine Röllchen schneiden. Vor dem Servieren über den Vollkornnudelgratin streuen.

Nährwerte pro Portion	
Kilokalorien	620
Kilojoule	2580
Eiweiß/g	23
Kohlenhydrate/g	57
Fett/g	29
Ballaststoffe/g	9,6

GEFÜLLTE NUDELN UND AUFLÄUFE

Dim Sum

Traditionell werden diese Teigtaschen in Fernost in aufeinander gestapelten Bambuskörbchen über dem dampfenden Wok gegart.

einfach
4 Portionen

30 Wan-Tan-Teigblätter, tiefgefroren
125 g geschälte, rohe Garnelen
2 Frühlingszwiebeln
50 g frische Shiitake-Pilze
125 g Schweinehack
50 g Wasserkastanien (Dose)
½ TL Salz
1 Prise Zucker
Glutamat
frisch gemahlener weißer Pfeffer
1 TL Speisestärke
1 EL Sesamöl

Die Teigblätter auftauen lassen.
   Die Garnelen waschen, den Darm entfernen und auf Küchenkrepp trocknen.
   Die Frühlingszwiebeln waschen und putzen, die Shiitake ebenfalls putzen.
   Alle Zutaten sehr fein hacken, miteinander vermischen und mit den Gewürzen abschmecken.
   Auf jedes Teigblatt 1 Teelöffel voll Füllung setzen. Die Teigtaschen zu kleinen Beutelchen zusammendrücken oder wie Tortellini formen, wie Ravioli oder wie Maultaschen.
   Dim Sum in die Bambuskörbchen verteilen. Körbe stapeln, schließen und in den vorbereiteten Wok setzen (oder in einen anderen weiten Topf).
   Das Wasser aufkochen und am Simmern halten. Nach gut 5 Minuten sind die Dim Sum fertig gedämpft.
   Mit Sojasauce und anderen fertigen chinesischen Würzsaucen servieren.

Tip:
Diese Häppchen schmecken nicht nur gedämpft, sondern auch fritiert.

Nährwerte pro Portion	
Kilokalorien	560
Kilojoule	2350
Eiweiß/g	24
Kohlenhydrate/g	81
Fett/g	12
Ballaststoffe/g	3,4

GEFÜLLTE NUDELN UND AUFLÄUFE

Indische Teigtaschen
einfach, braucht Zeit
4 Portionen

250 g Mehl
3 Eier
Salz
250 g mehlige Kartoffeln
1 kleiner Blumenkohl
2 EL Öl
1 TL Curry
250 ml Brühe
1 TL Kurkuma
1 Messerspitze Cayennepfeffer
Mehl für die Arbeitsfläche
Pflanzenfett zum Fritieren

Das Mehl auf eine Arbeitsfläche sieben. In die Mitte eine Mulde drücken. 1 Ei trennen. Das Eigelb, 2 Eier und 1 Teelöffel Salz hineingeben. Alles von der Mitte aus so lange gut verkneten, bis ein glatter Teig entstanden ist. Sollte der Teig zu krümelig bleiben, nach und nach etwas Wasser zufügen.

Den Teig in ein feuchtes Tuch einschlagen und circa 30 Minuten ruhen lassen.

In der Zwischenzeit für die Füllung die Kartoffeln schälen, waschen und in kleine Würfel schneiden. Den Blumenkohl putzen, waschen und in mundgerechte Stücke brechen, den Strunk und die zarten Blätter kleinschneiden.

Das Öl in einem Topf erhitzen und den Curry unter Rühren kurz darin anbraten. Kartoffeln und Blumenkohl untermischen. Einige Minuten dünsten, dann die Brühe angießen. Mit Kurkuma, Cayennepfeffer und Salz würzen. Zugedeckt bei mittlerer Hitze 20 Minuten garen. Anschließend mit einem Holzlöffel gut durchrühren, bis die Füllung eine breiartige Konsistenz hat.

Den Nudelteig in 2 Portionen teilen. Auf einer bemehlten Arbeitsfläche möglichst dünn zu 2 gleich großen Teigplatten ausrollen. Auf eine Teigplatte im Abstand von 6 Zentimetern jeweils 1 Eßlöffel Füllung verteilen.

Das Eiweiß verquirlen. Den Teig um die Füllung mit Eiweiß bestreichen.

Die zweite Teigplatte darüberlegen. Mit dem Teigrad Quadrate ausschneiden. An den Rändern mit einer Gabel zusammendrücken.

Das Pflanzenfett in einer Friteuse auf 175 °C erhitzen und die Teigtaschen portionsweise 4 bis 5 Minuten goldbraun fritieren. Fertige Taschen mit einem Schaumlöffel herausheben und auf Küchenpapier abtropfen lassen. Dann auf einer vorgewärmten Platte warm stellen, bis alle Teigtaschen fertig sind.

Dazu Mangochutney und frischen Joghurt servieren, der dem Gericht die Schärfe nimmt.

Nährwerte pro Portion	
Kilokalorien	770
Kilojoule	3240
Eiweiß/g	16
Kohlenhydrate/g	60
Fett/g	49
Ballaststoffe/g	4,7

Fritierte Wan-Tans
einfach, braucht Zeit
4 Portionen

28 Wan-Tan-Blätter, tiefgekühlt
10 g getrocknete chinesische Morcheln
1 kleine Möhre
1 frische grüne Chilischote
50 g gemischte Sprossen
150 g Tatar
2 EL süße Sojasauce
1 EL Reiswein
Salz
frisch gemahlener Pfeffer
1 Ei
1 EL Sesamöl
Pflanzenfett zum Fritieren

Die Wan-Tan Teigblätter auftauen lassen.

Die chinesischen Morcheln in ¼ Liter lauwarmem Wasser 20 Minuten einweichen.

Die Möhre putzen.

Die Chilischote halbieren und das Kerngehäuse samt Kernen entfernen. Möhre, Chilischote und die Sprossen feinhacken.

Die eingeweichten Pilze abgießen und ebenfalls hacken.

In einer Schüssel das Tatar mit dem gehackten Gemüse, Sojasauce, Reiswein, Salz und Pfeffer gründlich vermischen. 30 Minuten durchziehen lassen.

Das Ei trennen. Eigelb und das Sesamöl unter die Fleischmasse rühren.

Jeweils 1 Teigblatt auf die flache Hand legen und 1 gehäuften Teelöffel Füllung in die Mitte geben. Den Teig um die Füllung herum mit etwas Eiweiß bestreichen.

Teigenden mit der Hand fassen und mit einer leichten Drehung zusammendrücken.

Das Fett in der Friteuse auf 175 °C erhitzen. Die Wan-Tans portionsweise hineingeben und goldbraun

fritieren. Sie müssen frei im Fett schwimmen können. Nach 2 bis 3 Minuten mit dem Schaumlöffel herausheben und auf Küchenpapier abtropfen lassen.

Mit süß-saurer chinesischer Sauce servieren.

Wan-Tans bleiben etwa 3 Stunden knusprig und können heiß oder kalt gegessen werden.

Tip:
Übriggebliebene Wan-Tans am nächsten Tag in einer Bouillon servieren.

Nährwerte pro Portion	
Kilokalorien	460
Kilojoule	1940
Eiweiß/g	15
Kohlenhydrate/g	24
Fett/g	31
Ballaststoffe/g	2,1

GEFÜLLTE NUDELN UND AUFLÄUFE

In China sind Nudeln ein Symbol für langes Leben. Von der Geburtstagstafel sind sie ebensowenig wegzudenken wie bei uns der Geburtstagskuchen. Und da man dem Jubilar ein langes Leben wünscht, sind die chinesischen Nudeln außerordentlich lang und werden zum Verkauf zu kleinen Bündeln zusammengelegt.

Vietnamesische Frühlingsrollen

Das kreisförmige Reisblatt für die Frühlingsrolle verkörpert im buddhistischen Glauben den Himmel, die Füllung stellt den Menschen dar. Die Frühlingsrolle symbolisiert damit die unzertrennliche Einheit zwischen Makro- und Mikrokosmos.

Falls Sie für die Füllung statt frischer Morcheln getrocknete verwenden, sollten sie diese vorher 3 bis 4 Stunden in lauwarmem Wasser einweichen.

braucht Zeit

4 Portionen

50 g Glasnudeln
100 g Sojakeime
150 g frische Morcheln (oder 50 g getrocknete Morcheln)
1 Stück Salatgurke
2 Schalotten
8 Frühlingszwiebeln
150 g Hummerfleisch
200 g Schweinehackfleisch
1 Ei
Salz
frisch gemahlener schwarzer Pfeffer
8 Reisblätter
1 Kopfsalat
1 Bund frische Pfefferminze (ersatzweise Koriander oder Basilikum)
Kokosfett zum Fritieren

Nuoc-mam-Sauce:

1 EL Austernsauce
4 EL getrocknete Chilischoten
2 Knoblauchzehen
1 Zitrone
1 TL Zucker
1 EL Weinessig
1 EL Shrimpspaste

Die Glasnudeln in einer Schüssel mit kochendem Wasser überbrühen und etwa 5 Minuten darin ziehen lassen. In ein feines Sieb geben, mit kaltem Wasser abschrecken und anschließend abtropfen lassen. Mit einer Küchenschere mehrmals durchschneiden.

Sojakeime unter fließendem Wasser abbrausen und abtropfen lassen.

Frische Morcheln ebenfalls unter fließendem Wasser gründlich waschen (getrocknete und eingeweichte kurz abspülen), trocknen und abtropfen lassen, sehr feinhacken.

Schalotten abziehen und feinhacken.

Alle Zutaten mit Schweine- und Hummerfleisch, dem Ei und einem Teil der Sojakeime vermengen und mit Salz und Pfeffer abschmecken.

Die Frühlingszwiebeln waschen, putzen und der Länge nach in Sechstel einschneiden. Die Zwiebelchen in kaltes Wasser legen, damit sie sich aufbiegen.

Den Kopfsalat putzen, waschen und abtropfen lassen.

Salatgurke waschen und in Scheiben schneiden.

Für die Sauce von den getrockneten Chilischoten eine Kappe abschneiden, Kerne herausschütteln, Schoten zerdrücken. Knoblauchzehe abziehen und durch eine Presse drücken. Fruchtfleisch aus der Zitrone auslösen und grob würfeln. Alles mit den übrigen Zutaten im Mixer pürieren. Sauce in eine kleine Schale füllen.

Reisblätter gut befeuchten. Sobald sie weich sind, auf einem Küchentuch ausbreiten.

In die Mitte der Blätter jeweils 2 Eßlöffel der Füllung geben und diese mit den Fingern länglich formen.

Zuerst die eine Hälfte des Reisblattes über die Füllung schlagen, dann die Seiten und schließlich vorsichtig und eng aufrollen. Das Kokosfett in eine Friteuse geben, auf 180 °C erhitzen und jeweils 2 bis 3 Rollen goldgelb herausbacken und sofort servieren.

Das Schüsselchen mit der Sauce in die Mitte eines großen Eßtellers stellen. Die Salatblätter darum herumlegen, die Frühlingsrollen obenauf, Gurkenscheiben, Frühlingszwiebeln, die restlichen Sojakeime und die Pfefferminzzweige dazulegen.

Frühlingsrollen ißt man in Asien mit den Fingern. Man wickelt jeweils eine Rolle in ein Salatblatt mit einem Pfefferminzzweig und einigen Sojakeimen, taucht alles in die Sauce und beißt stückweise davon ab.

Dazu paßt Kräutertee.

Nährwerte pro Portion	
Kilokalorien	630
Kilojoule	2660
Eiweiß/g	26
Kohlenhydrate/g	31
Fett/g	41
Ballaststoffe/g	4,0

SÜSSE NUDELN

Das Italien der Renaissance hatte eine außergewöhnliche Vorliebe für Leckereien. Was lag also näher, als den Pastagenuß zu versüßen. Vorspeisen wie Makkaroni mit Zucker waren allerdings ein Luxus, den sich nur wenige leisten konnten.

Süßer Nudelpudding

einfach, braucht Zeit
4 Portionen

250 g breite Nudeln
¾ l Milch
125 g Zucker
4 Eier
125 g Butter
1 Päckchen Vanillinzucker
Schale von ½ Zitrone
100 g Sultaninen
Butter für die Form
Semmelbrösel für die Form

Die Milch mit dem Zucker aufkochen und die Nudeln darin 8 Minuten bißfest kochen. Dann vom Herd nehmen und etwas abkühlen lassen.

Die Eier trennen. Das Eigelb mit der zimmerwarmen Butter und dem Vanillinzucker schaumig schlagen. Das Eiweiß in einer zweiten Schüssel steif schlagen. Nudeln, Ei-Buttermasse, die fein abgeriebene Zitronenschale und die Sultaninen vermischen. Zuletzt den Eischnee unterheben.

Eine Puddingform ausfetten und mit Semmelbröseln ausstreuen. Die Nudelmischung hineingeben, die Form mit Alufolie abdecken und im Wasserbad bei mittlerer Hitze 1 Stunde garen. Dabei darauf achten, daß die Form zu ⅔ im Wasser steht, ab und zu heißes Wasser zugießen.

Den fertigen Pudding aus dem Wasserbad nehmen und 10 Minuten in der Form abkühlen lassen. Dann auf eine Platte stürzen und noch warm servieren.

Zum süßen Pudding ißt man Kirsch- oder Zwetschgenkompott und würzt den Pudding nach Belieben noch mit Zucker und Zimt.

Nährwerte pro Portion	
Kilokalorien	880
Kilojoule	3690
Eiweiß/g	20
Kohlenhydrate/g	103
Fett/g	40
Ballaststoffe/g	3,6

Böhmische Mohnnudeln

einfach, Blitzrezept
4 Portionen

1 Vanilleschote
¼ l Milch
120 g Zucker
8 cl Marsala
350 g Eierbandnudeln
40 g Mohn
125 g Schlagsahne
2 Eigelb
75 g Butter

Die Vanilleschote der Länge nach halbieren und das Mark herauskratzen. In einem kleinen Topf die Milch mit dem Vanillemark, 80 g Zucker und dem Marsala einmal aufkochen. Vom Herd nehmen und etwas abkühlen lassen.

Die Eierbandnudeln in kochendem, schwach gesalzenem Wasser circa 12 Minuten garen. Abschütten und kurz unter heißem Wasser durchspülen. Nudeln gut abtropfen lassen.

Den Mohn im Mörser zerstampfen und mit dem restlichen Zucker vermischen.

Die Schlagsahne steif schlagen. Sahne und das Eigelb unter die lauwarme Vanillemilch rühren.

Die Butter in einer Pfanne zerlassen. Nudeln hineingeben und kurz in der Butter anbraten. Dann in eine vorgewärmte Schüssel geben und mit dem Mohn-Zucker bestreuen. Gut vermengen. Die Vanillesauce getrennt dazu servieren.

Nährwerte pro Portion	
Kilokalorien	840
Kilojoule	3500
Eiweiß/g	18
Kohlenhydrate/g	95
Fett/g	37
Ballaststoffe/g	3,6

Aprikosenauflauf

einfach
4 Portionen

1 große Dose Aprikosenhälften
1 l Milch
30 g Zucker
1 Päckchen Vanillinzucker
1 Prise Salz
250 g Eiernudeln
60 g Butter
200 g Schlagsahne
2 Eier

Die Aprikosen abschütten und abtropfen lassen.

Die Milch in einem Topf mit dem Zucker, dem Vanillinzucker und dem Salz aufkochen.

Die Eiernudeln darin bißfest garen. Die fertigen Nudeln abgießen.

Eine Auflaufform mit etwas Butter einfetten. Die Nudeln und die Aprikosenhälften in die Form schichten.

Die Schlagsahne mit den Eiern verquirlen und über die Nudeln gießen.

Den Backofen auf 200 °C vorheizen.

Die restliche Butter auf dem Auflauf in Flöckchen verteilen. Im heißen Backofen circa 20 Minuten überbacken.

Nährwerte pro Portion	
Kilokalorien	690
Kilojoule	2890
Eiweiß/g	18
Kohlenhydrate/g	79
Fett/g	30
Ballaststoffe/g	3

SÜSSE NUDELN

Pasticcio di tagliatelle in crosta

Nudeltorte

braucht Zeit
6 Portionen

Für den Teig:
500 g Mehl
250 g Butter
20 g Hefe
50 ml Milch
20 g Puderzucker
20 g Vanillinzucker
fein abgeriebene Schale von
1 unbehandelten Zitrone
Salz
2 Eigelb
100 g Schlagsahne

Für die Füllung:
400 g Tagliatelle oder andere Bandnudeln
50 g Butter
50 g Sultaninen
50 ml Rum
100 g gemahlene Walnüsse
80 g Puderzucker
150 g Aprikosenmarmelade

Butter für die Form
1 Eigelb zum Bestreichen

Für den Teig das Mehl mit der Butter bröselig abreiben. Die Hefe mit der lauwarmen Milch verrühren, mit Puderzucker, Vanillinzucker, Zitronenschale und 1 Prise Salz zum Mehl geben. Das Eigelb mit der Sahne verrühren, ebenfalls zugeben und alles zu einem glatten Teig verarbeiten. Den Teig zur Kugel formen und ein Drittel davon abschneiden. Beide Teigstücke zugedeckt 1 Stunde ruhen lassen.

Die Tagliatelle in sprudelndem Salzwasser weichkochen, abgießen, kalt abschrecken und gut abtropfen lassen. Dann die Nudeln in einer Schüssel mit der Butter vermischen und ganz auskühlen lassen.

Die Sultaninen heiß brühen, abtropfen lassen und in einer kleinen Schale mit dem Rum übergießen. Die gemahlenen Walnüsse mit dem Puderzucker vermischen. Die Aprikosenmarmelade glattrühren.

Eine hohe Springform mit Butter ausstreichen und mit Mehl bestäuben.

Das große Teigstück rund ausrollen. Es soll für den Boden und den Rand der Torte reichen und noch 2 bis 3 cm über die Form hängen. Die Form mit der großen Teigplatte auslegen. Das kleine Teigstück für den Tortendeckel in der Größe der Springform ausrollen.

Den Tortenboden mehrfach einstechen. Ein Drittel der Tagliatelle darauf verteilen und mit der Aprikosenmarmelade bestreichen. Die zweite Schicht Nudeln auftragen und mit den gezuckerten Nüssen und den abgetropften Rosinen bestreuen. Die restlichen Nudeln einfüllen und die Torte mit dem Teigdeckel schließen. Die Teigränder dünn mit Eiweiß bestreichen und den überhängenden Teig rundherum auf den Deckel drücken. Die Torte mit Eigelb bestreichen und den Deckel mehrfach einstechen.

Die Springform in den auf 180 °C vorgeheizten Backofen auf die 2. Schiene von unten stellen und die Torte gut 30 Minuten backen.

Danach aus dem Ofen nehmen und etwa 10 Minuten ruhen lassen. Die Springform öffnen, die Torte auf eine Platte heben und wie einen Kuchen in Stücke schneiden.

Lauwarm schmeckt die Nudeltorte am besten.

Nährwerte pro Portion	
Kilokalorien	1250
Kilojoule	5210
Eiweiß/g	22
Kohlenhydrate/g	152
Fett/g	56
Ballaststoffe/g	6

Kakaonudeln mit Ananaskompott

Ananaspüree ½ Tag vorher zubereiten.

einfach, braucht Zeit

4 Portionen

Für das Kompott:
1 frische Ananas, ca. 500 g
1 Vanilleschote
¼ l Orangensaft
⅛ l Apfeldicksaft
75 g Sultaninen
2 EL Speisestärke
Zucker

Für die Nudeln:
250 g Mehl
3 TL Kakaopulver, ungesüßt
2 Eier
Salz
Mehl für die Arbeitsfläche
1 EL Butter
Puderzucker zum Bestäuben

Den Strunk und den Stielansatz von der Ananas abschneiden. Ananas der Länge nach vierteln. Die äußere Schale und den inneren harten Kern der Ananas entfernen. Fruchtfleisch in kleine Würfel schneiden. Die Vanilleschote längs aufschneiden und das Mark herauskratzen.

In einem Topf die Ananas mit dem Orangensaft, dem Apfeldicksaft, den Sultaninen und dem Vanillemark 5 Minuten köcheln. Die Speisestärke mit etwas Wasser verquirlen und unter das Kompott rühren. Noch einige Minuten bei kleiner Hitze unter Rühren einkochen lassen.

Vom Herd nehmen, mit Zucker abschmecken und in eine Schüssel umfüllen. Das Kompott abkühlen lassen. Zugedeckt im Kühlschrank aufbewahren.

Für die Nudeln das Mehl und das Kakaopulver auf eine Arbeitsfläche sieben. In die Mitte eine Mulde drücken. Die Eier und 1 Prise Salz hineingeben. Alles von der Mitte aus so lange gut verkneten, bis ein geschmeidiger Teig entstanden ist. Sollte der Teig zu krümelig bleiben, nach und nach etwas Wasser zufügen.

Den Teig in ein feuchtes Tuch einschlagen und circa 20 Minuten ruhen lassen.

Nudelteig in 2 Portionen teilen und auf einer bemehlten Arbeitsfläche möglichst dünn ausrollen. Mit der Nudelmaschine Bandnudeln herstellen. Die Kakaonudeln 10 Minuten trocknen lassen.

Kakaonudeln in schwach gesalzenem Wasser circa 8 Minuten kochen. Dann abschütten und kurz abtropfen lassen. In eine vorgewärmte Schüssel umfüllen, mit der Butter vermischen und mit Puderzucker bestäuben. Das Ananaskompott getrennt dazu servieren.

Nährwerte pro Portion	
Kilokalorien	520
Kilojoule	2220
Eiweiß/g	12
Kohlenhydrate/g	95
Fett/g	8
Ballaststoffe/g	8,3

SÜSSE NUDELN

Apfelmaultaschen mit Schokoladensauce

einfach, braucht Zeit
4 Portionen

300 g frischer Nudelteig, nach Grundrezept zubereitet
500 g Kochäpfel (Boskop oder Cox Orange)
½ EL Butter
Saft von 1 Zitrone
80 g Zucker
100 g Walnußkerne
50 g Rosinen
½ TL Zimt
Salz
100 g Zartbitter-Schokolade
100 g Schlagsahne

Während der Nudelteig ruht, die Äpfel schälen, entkernen und grob zerteilen.

Die Butter in einer Stielkasserolle mit schwerem Boden schmelzen. Die Äpfel hineingeben, mit dem Zitronensaft beträufeln und den Zucker darüberstreuen. Die Äpfel zugedeckt bei schwacher Hitze 10 Minuten dünsten. Dann im offenen Topf bei starker Hitze einkochen, bis sie karamelisieren. Achtung: Der Zucker soll haselnußbraun werden, aber nicht zu dunkel!

Den Topf vom Herd nehmen und die Äpfel mit dem elektrischen Stab im Topf pürieren, dann auskühlen lassen.

Inzwischen die Walnußkerne hacken und in einer trockenen, heißen Pfanne rösten. 70 Gramm davon im Mörser sehr fein stoßen.

Die Rosinen heiß brühen und grob hacken.

Das Apfelmus mit den gestoßenen Walnüssen, den Rosinen und dem Zimt verrühren. Die Masse soll ziemlich trocken wie dicke Marmelade sein.

Den Nudelteig halbieren und auf der bemehlten Arbeitsfläche zu 2 gleich großen dünnen Platten ausrollen. Die Apfelmasse mit einem Teelöffel in kleinen Häufchen und im Abstand von 6 cm auf eine Teigplatte setzen. Die Zwischenräume mit einem feuchten Pinsel bestreichen und die 2. Teigplatte darüberlegen. Die beiden Teigschichten rund um die Füllungen fest aufeinanderdrücken und mit dem Teigrad quadratische Maultaschen ausschneiden. Die Maultaschen mindestens 20 Minuten antrocknen lassen.

Inzwischen reichlich Salzwasser für die Ravioli zum Kochen bringen und die Schokoladensauce zubereiten: Die Schokolade in einen kleinen Stieltopf bröckeln, die Sahne angießen und den Topf ins heiße Wasserbad stellen. Wenn die

Schokolade geschmolzen ist, die Sauce mit einem Schneebesen kräftig durchrühren. Die Hitze abschalten und die Schokoladensauce im Wasserbad warm halten.

Die Maultaschen in 2 Portionen oder in 2 Töpfen etwa 12 Minuten im siedenden Wasser garen. Fertige Ravioli gut abtropfen lassen und auf vorgewärmten Tellern mit den restlichen, gerösteten Walnüssen bestreuen. Die Schokoladensauce getrennt dazu reichen.

Teigtäschchen mit Pflaumenmus

einfach, braucht Zeit
6 Portionen

400 g Mehl
4 Eier
Salz
Mehl für die Arbeitsfläche
1 Glas Pflaumenmus, 400 g
4 EL Zucker
1 EL Zimt
100 g Butter
200 g saure Sahne

Das Mehl auf eine Arbeitsfläche sieben. In die Mitte eine Mulde drücken. 1 Ei trennen. Das Eigelb, die restlichen 3 Eier und 1 Teelöffel Salz hineingeben. Alles von der Mitte aus so lange gut verkneten, bis ein glatter Teig entstanden ist. Sollte der Teig zu krümelig bleiben, nach und nach etwas Wasser zufügen.

Den Teig in ein feuchtes Tuch einschlagen und circa 20 Minuten ruhen lassen.

Auf einer bemehlten Arbeitsfläche Teig 1 mm dick ausrollen. Im Abstand von jeweils 8 cm einen Eßlöffel Pflaumenmus auf den Teig geben. Mit dem Teigrad 8 × 8 cm große Quadrate ausschneiden. Die Teigränder mit Eiweiß bestreichen. Jedes Quadrat einmal quer zusammenklappen und an den Rändern festdrücken. Die Teigtäschchen 15 Minuten trocknen lassen.

Reichlich Salzwasser in einem großen Topf zum Kochen bringen. Die Teigtäschchen hineingeben und bei kleiner Hitze circa 12 Minuten garen, das Wasser soll nicht mehr kochen.

Zucker und Zimt in einer kleinen Schüssel mischen.

Die Butter in einem Pfännchen zerlassen.

Fertige Teigtäschchen mit dem Schaumlöffel herausheben und in einem Durchschlag abtropfen lassen.

Auf einer vorgewärmten Platte anrichten, mit Zucker und Zimt bestreuen und die Butter darübergießen. Den Sauerrahm getrennt dazu reichen.

Nährwerte pro Portion	
Kilokalorien	660
Kilojoule	2740
Eiweiß/g	14
Kohlenhydrate/g	96
Fett/g	22
Ballaststoffe/g	2,8

Nährwerte pro Portion	
Kilokalorien	700
Kilojoule	2940
Eiweiß/g	15
Kohlenhydrate/g	91
Fett/g	28
Ballaststoffe/g	8,2

Die größte Maultasche: Einer baden-württembergischen Volks- und Winzertanzgruppe gelang es, mit 153 Helfern eine 228,37 Meter lange Nudeltasche mit 143 Kilogramm Fleisch zu füllen. Wie viele Gäste davon satt wurden und wie die Supertasche geschmeckt hat, ist nicht aufgezeichnet worden.

SÜSSE NUDELN

Süße Knoten

einfach
4 Portionen

200 g Makkaroni	
Salz	
2 große feste Kochäpfel, zum Beispiel Boskop oder Cox Orange	
Saft von 1 Zitrone	
1 Päckchen Vanillesauce zum Kochen	
½ l Milch	
Zucker	
2 EL Butter	
2 EL Butterschmalz	
1 TL Zimtpulver	

Die Makkaroni in sprudelndem Salzwasser in etwa 12 Minuten weich kochen, sie sollen nicht mehr bißfest sein. Die Makkaroni abgießen, kalt spülen, abtropfen und abkühlen lassen.

Die Äpfel schälen, entkernen und je nach Umfang in 8 bis 12 Spalten schneiden. Die Spalten mit dem Saft von 1 Zitrone beträufeln.

Je nach Stärke der Makkaroni 5 bis 7 Nudeln zusammenfassen und in der Mitte knoten.

Die Vanillesauce nach Packungsanleitung mit Milch und Zucker kochen und warm halten.

Die Butter in einer Pfanne zerlassen und die Apfelspalten samt Zitronensaft bei mittlerer Hitze dünsten, einmal wenden.

Das Butterschmalz in einer zweiten Pfanne zerlassen. Die Makkaroniknoten bei starker Hitze auf beiden Seiten anbraten und dabei etwas flachdrücken. Dann die Hitze reduzieren und die Knoten insgesamt etwa 6 Minuten braten. Fertige Knoten auf Küchenpapier abtropfen lassen und im Backofen warm halten.

Wenn die letzten Knoten fast fertig gebraten sind, 2 Eßlöffel Zucker über die Apfelspalten streuen, die Hitze erhöhen und den Zucker karamelisieren lassen. Die Spalten noch einmal wenden.

2 Eßlöffel Zucker mit dem Zimtpulver vermischen und die süßen Knoten damit bestreuen. Dann mit der Vanillesauce und den karamelisierten Apfelspalten anrichten.

Nährwerte pro Portion	
Kilokalorien	470
Kilojoule	1980
Eiweiß/g	10
Kohlenhydrate/g	61
Fett/g	19
Ballaststoffe/g	2,4

Süßer Nudelsalat

einfach
4 Portionen

250 g Hörnchen-Nudeln	
250 g Brombeeren	
1 Glas Kaiserkirschen (190 g Abtropfgewicht)	
1 Glas Mirabellen (190 g Abtropfgewicht)	
2 Bananen	
400 g Schlagsahne	
2 EL Zucker	
2 Päckchen Sahnesteif	
2 Päckchen Vanillinzucker	
2 EL gehackte Pistazien	

Die Nudeln kochen, bis sie gut weich sind. Sie sollten keinen Biß mehr haben. Unter kaltem Wasser abschrecken, abtropfen und abkühlen lassen.

Die Brombeeren (tiefgekühlte nach Packungsanweisung auftauen lassen), die Kaiserkirschen und die Mirabellen in einem Sieb gut abtropfen lassen.

Die Bananen schälen und in Scheiben schneiden.

Die Schlagsahne mit Zucker, Sahnesteif und dem Vanillinzucker steif schlagen.

Die kalten Nudeln mit dem Obst in einer Schüssel gut vermischen und die Sahne unterheben.

Den Nudelsalat im Kühlschrank 2 Stunden durchziehen lassen und vor dem Servieren mit den gehackten Pistazien bestreuen.

Nährwerte pro Portion	
Kilokalorien	810
Kilojoule	3400
Eiweiß/g	12
Kohlenhydrate/g	102
Fett/g	36
Ballaststoffe/g	7,5

SÜSSE NUDELN

Als der Mönch Guglielmo di Malavalla eines Tages von einem gewissen Guccione zum Essen eingeladen wurde, servierte dessen unleidliche Frau Teigtäschchen, die mit Spreu gefüllt waren. Der fromme Mann segnete die Speise und schon verwandelte sich die Spreu in wohlschmeckenden gewürzten Quark. Nachzulesen in den Akten für die Seligsprechung des Mönches aus dem 12. Jahrhundert. Die wahren Erfinder der Ravioli waren allerdings die Genueser. Deshalb nannte man früher alle pikant gefüllten Nudeln auch »Handschuhe nach Genueser Art«.

Abgeschmälzte Nudeln mit Dörrobstkompott

einfach
4 Portionen

400 g gemischtes Dörrobst	
100 g Sultaninen	
½ Vanilleschote	
1 Zimtstange	
1 unbehandelte Zitrone	
⅛ l Apfeldicksaft	
400 g Bandnudeln	
Salz	
80 g Butter	
40 g Semmelbrösel	
2 EL Zucker	
1 TL Zimt	

Das Dörrobst mit den Sultaninen, der aufgeschlitzten Vanilleschote und der Zimtstange in 1 Liter Wasser aufkochen. Die Zitrone dünn abschälen und die Hälfte der Schale beifügen. Bei kleiner Hitze 25 Minuten offen köcheln lassen. Dann vom Herd nehmen, die Vanilleschote, die Zimtstange sowie die Zitronenschale entfernen. Mit dem Apfeldicksaft und Zitronensaft abschmecken und das Kompott etwas abkühlen lassen.

Die Bandnudeln in schwach gesalzenem Wasser 8 bis 10 Minuten bißfest kochen. In ein Sieb abschütten, kurz mit kaltem Wasser abschrecken und abtropfen lassen.

In einer tiefen Pfanne die Butter erhitzen. Die Semmelbrösel darin unter Rühren 3 Minuten rösten. Nudeln hineingeben und noch einmal kurz erhitzen.

Den Zucker mit dem Zimt mischen. Nudeln in eine vorgewärmte Schüssel umfüllen, mit Zucker und Zimt bestreuen und mit dem Kompott servieren.

Nährwerte pro Portion	
Kilokalorien	1010
Kilojoule	4230
Eiweiß/g	16
Kohlenhydrate/g	178
Fett/g	20
Ballaststoffe/g	17,2

Süße Quarkravioli

einfach, braucht Zeit
4 Personen

300 g frischer Nudelteig, nach Grundrezept zubereitet	
250 g Quark, 20 % F. i. Tr.	
1 Eigelb	
50 g Zucker	
abgeriebene Schale von ½ unbehandelten Orange	
50 g geriebene Mandeln	
50 g Rosinen	
Salz	
1 kleine Dose Aprikosenhälften	
60 g Butter	
3 EL Semmelbrösel	

Während der Nudelteig ruht, den Quark in einem Sieb abtropfen lassen oder noch zusätzlich in einem Tuch auswringen, damit er schön trocken ist.

Das Eigelb mit dem Zucker zu einem dicken weißen Schaum schlagen, bis sich der Zucker gelöst hat. Den Quark, die Orangenschale und die geriebenen Mandeln einrühren.

Die Rosinen brühen, gut abtropfen lassen und grob hacken, dann unter die Quarkmasse mischen.

Den Nudelteig halbieren und auf der bemehlten Arbeitsfläche zu 2 gleich großen, dünnen Teigplatten ausrollen. Den Quark mit einem Teelöffel in kleinen Häufchen und im Abstand von 5 cm auf 1 Teigplatte setzen. Die Zwischenräume mit einem feuchten Pinsel bestreichen und die 2. Teigplatte darüberlegen. Die beiden Teigschichten rund um die Füllungen fest aufeinanderdrücken und die Ravioli mit einem runden Förmchen ausstechen.

Während die Ravioli antrocknen, reichlich Salzwasser zum Kochen bringen. Die Aprikosenhälften gut abtropfen lassen und mit dem elektrischen Stab pürieren. Die Aprikosensauce abschmecken und eventuell etwas Zitronensaft und/oder Zucker einrühren.

Die Quarkravioli im siedenden Salzwasser 12 Minuten garen. Nicht alle Ravioli auf einmal in den Topf geben. Je nach Topfgröße die Ravioli in 2 Portionen garen oder 2 Töpfe verwenden.

Die Butter in einer Pfanne schmelzen, die Semmelbrösel zugeben und unter gelegentlichem Rühren goldbraun rösten.

Die fertigen Quarkravioli gut abtropfen lassen, mit der Bröselbutter auf vorgewärmten Tellern anrichten und die Aprikosensauce dazu reichen.

Nährwerte pro Portion	
Kilokalorien	650
Kilojoule	2740
Eiweiß/g	21
Kohlenhydrate/g	70
Fett/g	29
Ballaststoffe/g	3,9

SÜSSE NUDELN

Fettuccine-Auflauf mit Quark

einfach
4 Portionen

200 g Fettuccine oder andere Bandnudeln
Salz
1 EL Butter

Für die Füllung:
100 g Sultaninen
4 Eier
100 g Puderzucker
20 g Vanillezucker
fein abgeriebene Schale von 1 unbehandelten Zitrone
500 g Schichtkäse
300 g Schlagsahne
50 g Butter

2 Packungen fertige Strudelblätter
3 EL Semmelbrösel
Puderzucker zum Bestreuen

Die Fettuccine in sprudelndem Salzwasser garkochen, abgießen und gut abtropfen lassen. In einer Schüssel mit der Butter vermischen und auskühlen lassen.

Für die Füllung die Rosinen heiß brühen und abtropfen lassen. Die Eier trennen. Das Eigelb mit Puderzucker und Vanillezucker schaumig schlagen. Die Zitronenschale zugeben. Den Schichtkäse abtropfen lassen und durch die Kartoffelpresse zur Eimischung drücken. Die Sahne und die Rosinen einrühren. Das Eiweiß mit einer Prise Salz zu steifem Schnee schlagen und unter die Quarkmasse ziehen.

Die Butter zerlassen. Die Fettpfanne des Backofens oder eine rechteckige Backform mit Butter ausstreichen und die Hälfte der Strudelblätter auf den Boden legen. Die Blätter der Formgröße anpassen, und wo sie übereinanderliegen mit Butter bestreichen, damit sie nicht zusammenkleben. Mit Semmelbröseln bestreuen.

Die kalten Fettuccine unter die Quarkmasse ziehen und die Mischung in der Form gleichmäßig verteilen. Die restlichen Strudelblätter mit Butter bestreichen und auf die Füllung legen.

Den Auflauf in den auf 180 °C vorgeheizten Backofen auf die mittlere Schiene stellen und 30 Minuten

backen. Dann aus dem Ofen nehmen und 10 Minuten ruhen lassen. Den Fettuccineauflauf zum Servieren in etwa 10 × 10 cm große Stücke schneiden und mit Puderzucker bestäuben. Jedenfalls warm servieren.

Nährwerte pro Portion	
Kilokalorien	1220
Kilojoule	5110
Eiweiß/g	37
Kohlenhydrate/g	133
Fett/g	55
Ballaststoffe/g	4,6

Jüdischer Nudelpudding

einfach, braucht Zeit
4 Portionen

250 g dünne Fadennudeln	
Salz	
2 Zwiebeln	
100 g Rosinen	
⅛ l Öl	
100 g Zucker	
frisch gemahlener Pfeffer	
4 Eier	
Fett für die Form	

Die Nudeln in kochendem Salzwasser 5 bis 7 Minuten bißfest garen. In einen Durchschlag abschütten, unter heißem Wasser kurz durchspülen und gut abtropfen lassen.

Die Zwiebeln abziehen und grob hacken. Die Rosinen in einem Sieb unter fließendem Wasser waschen und abtropfen lassen.

In einem Topf das Öl erhitzen, den Zucker zufügen und unter Rühren 8 Minuten dunkel bräunen. Zwiebeln und Rosinen hineingeben, 2 Minuten darin anbraten.

Die Eier verquirlen. Nudeln und Eier unter die Zuckermischung rühren.

Topf vom Herd nehmen und kräftig mit Pfeffer und etwas Salz abschmecken.

Eine kleine Springform ausfetten und die Nudelmasse hineinfüllen.

Im vorgeheizten Backofen bei 175 °C auf der mittleren Schiene circa 1½ Stunden backen, bis die Oberfläche goldbraun ist. Aus dem Rohr nehmen und einige Minuten abkühlen lassen.

Den Nudelpudding auf eine Platte stürzen und wie einen Kuchen aufschneiden.

Zum traditionellen jüdischen Nudelpudding reicht man süß-sauer eingelegtes Gemüse, Pickles oder Salat.

Nährwerte pro Portion	
Kilokalorien	790
Kilojoule	3310
Eiweiß/g	14
Kohlenhydrate/g	87
Fett/g	40
Ballaststoffe/g	4,3

REGISTER

A

Abgeschmälzte Nudeln mit Dörrobstkompott	186
Agnolini	18
All'amatriciana	39
Alla cacciatora	42
Alla carbonara	40
Alla emiliana	44
Alla marinara	35
Alla puttanesca	38
Apfelmaultaschen mit Schokoladensauce	182
Aprikosenauflauf	178
Arlechini mit Safranmuscheln	108
Aufläufe, Gefüllte Nudeln und	136
Ausgebackene Ravioli mit Spargelspitzen	140

B

Bami Goreng	131
Bandnudeln	10
Bandnudeln mit Putenleber	118
Bandnudeln mit Schneckensahne	97
Böhmische Mohnnudeln	178
Bohnensuppe mit Nudeln	62
Bologneser Fleischsauce, Ragù alla bolognese –	36
Brokkoliauflauf, Spiralnudel-	161
Bucatini	12
Bucatini alla romana	121
Bucatini mit Thunfisch	105
Buchweizennudeln auf Spinat	78
Bunte Nudeln mit Rosenkohl in Gorgonzolasauce	127
Bunter Nudelsalat	48

C

Cacciatora, Alla	42
Canestri	14
Cannelloni	18
Cannelloni mit Fischfarce	147
Cannelloni mit Spinat	145
Cannelloni mit Thunfisch	146
Capelli d'angelo	16
Cappelletti	18, 29
Carbonara, Alla	40
Casonsei	29
Cavatellucci	14
Cavatellucci mit Rouladen	116
Chinesische Eiernudeln	16
Chinesische Nudeln mit Ei, Frühlingszwiebeln und Garnelen	110
Chinesische Nudeln mit Garnelen, Huhn und Gemüse	110
Chinesische Nudeln mit süß-saurem Gemüse, Gebratene	56
Chinesische Nudelsuppe mit Huhn	66
Chinesischer Nudeleintopf	67
Conchiglie	14
Conchiglie grandi	18
Conchigliette	14
Cornetti	12
Crema di funghi	42

D

Deftiger Nudelsalat mit Salami	52
Dim Sum	171
Drei-Käsesauce	41

E

Eliche	14
Eliche mit Cremesauce	128
Emiliana, Alla	44

F

Fadennudeln	16
Färben, Nudeln	23
Farben kombinieren	24
Farfalle	14
Farfalline	14
Farfalline mit Rucola	75
Fettucce	10
Fettuccelle	10
Fettuccelle mit Pesto	74
Fettuccine	10
Fettuccine-Auflauf mit Quark	188
Fettuccine mit Hummer	108
Fidelini	16
Formen und schneiden, Nudelteig	25
Fritierte Wan-Tans	172
Frühlingsrollen, Vietnamesische	175
Füllen, Nudelteig	26
Füllen, Teigwaren zum	18
Fusilli	14
Fusilli mit Auberginen	48

G

Gaisburger Marsch	61
Gebratene chinesische Nudeln mit süß-saurem Gemüse	86
Gefüllte Muschelnudeln	142
Gefüllte Nudeln und Aufläufe	136
Gefüllte Teigwaren kochen	30
Gemüsenudeln in Kräuterbutter	80
Glasnudeln	16
Gnocchetti	14
Gnocchetti mit Staudensellerie	82
Gratinierte Lachs-Zucchininudeln	162
Gratinierte Pasta	158
Gratinierte Spaghetti mit Putenleber	167
Grundrezept für Nudelteig zum Füllen	26
Grundrezept Nudelteig	22
Grundrezept Vollkornnudeln	22
Grüne Lasagne mit Lammragout	152
Grüne Spätzle mit Morchelsahne	90
Grüner Nudelsalat	48

H

Hartweizen	8
Hohlnudeln	12
Hörnchen/Hörnle	12

I

Indische Teigtaschen	172
Italienische Nudelsaucen, Traditionelle	34

J

Jüdischer Nudelpudding	189

K

Kakaonudeln mit Ananaskompott	181
Kärntner Kastaschen	156
Käsesauce, Drei-	41
Kässpatzen mit Zwiebeln	87
Kastaschen, Kärntner	156
Kochen, Gefüllte Teigwaren	30
Kochen, Nudeln	30
Krabbenauflauf, Spaghetti-	160
Kurze Teigwaren	14

L

Lachsravioli	138
Lachs-Zucchininudeln, Gratinierte	162
Lange Vollnudeln	16
Lasagne	18
Lasagne mit Hackfleisch	151
Lasagne mit Lammragout, Grüne	152
Lasagne mit Spinat	150
Lasagnette al forno	168
Lasagnette mit Zitrone	71
Lasagnette ricce	10
Lauchnudeln in Mandelsauce	84
Lingue di passero	10
Linguine	10
Linguine mit Zucchiniblüten	119

M

Maccheroncini mit Sardinen, sizilianische Art	159
Maccheroni	12
Makkaroni	12
Makkaroni mit Garnelen in Currysauce	105
Makkaroni mit Hackfleischsauce	123
Makkaroniauflauf	164
Makkaroniauflauf, sizilianische Art	166
Malloreddus	120
Marinara, Alla	35
Maultaschen mit Zwiebeln und brauner Butter, Schwäbische	154
Meraner Schlutzkrapfen in Schnittlauchsauce	155

Mexikanischer Nudelsalat	53	
Millerighe	12	
Millerighe alla pizzaiola	96	
Minestrone	58	
Mohnnudeln, Böhmische	178	
Muschelduett	54	
Muscheln	14, 18	
Muschelnudeln, Gefüllte	142	
Muschelsauce	35	

N

Nudeleintopf, Chinesischer	67
Nudeleintopf mit Huhn	61
Nudelgratin, Schweizer	156
Nudelhuhn in Safransauce	117
Nudelkuchen	81
Nudeln auf Capreser Art	81
Nudeln aus der eigenen Küche	22
Nudeln färben	23
Nudeln kochen	30
Nudeln mit Dörrobstkompott, Abgeschmälzte	186
Nudeln mit Fisch und Meeresfrüchten	94
Nudeln mit Fleisch und Geflügel	114
Nudeln ohne Fisch und Fleisch	70
Nudeln selbermachen	22
Nudeln, Süße	178
Nudelpfanne	81
Nudelpudding, Jüdischer	189
Nudelpudding, Süßer	178
Nudelsalate	48
Nudelsalat, Bunter	48
Nudelsalat, chinesische Art	52
Nudelsalat, Grüner	48
Nudelsalat, Mexikanischer	53
Nudelsalat »mit allem drin«	51
Nudelsalat mit Salami, Deftiger	52
Nudelsalat, Süßer	185
Nudelsaucen, Traditionelle italienische	34
Nudelsuppen	58
Nudelsuppe mit Huhn, Chinesische	66
Nudelsuppe mit Markscheiben	60
Nudelteig färben	22
Nudelteig füllen	26
Nudelteig, Grundrezept	22
Nudelteig schneiden und formen	25
Nudeltopf, Zürcher	132

O

Orecchiette	14
Orecchiette mit Brokkoli und Geflügelleber	130

P

Pappardelle mit schwarzen Trüffeln	73
Pappardelle	10
Pappardelle all'anatra	115
Pappardelle mit Hase	124
Paprikanudeln	84
Partysalat	54
Pasta-Bonbons	29
Pasta e fagioli	58
Pasta-Lexikon	10
Pasta mit weißer Trüffel	76
Pasta nera con Moscardini	107
Pasticcio di Maccheroni	165
Pasticcio di tagliatelle in crosta	180
Penne	12
Penne all'arrabbiata	127
Penne mit Artischocken	83
Peperonata	43
Pesto	45
Pilzravioli mit Gemüsenudeln	137
Puttanesca, Alla	38

Q

Quadretti	16
Quadretti mit Hummerkrabben	103
Quarkravioli, Süße	186

R

Ragù alla bolognese – Bologneser Fleischsauce	36
Ravioli	18
Ravioli, mit Käse überbacken	140
Ravioli mit Spargelspitzen, Ausgebackene	140
Reispapier/Reisblätter	18
Rigatoni	12
Rigatoni al sugo di fegatini	124
Rigatoni mit Zuckererbsenschoten	127
Rigatoni-Auflauf mit Mangold	164
Rigatonisalat mit Lachs und Spargel	50
Rohe Tomatensauce	40
Rotolo di spinaci	148

S

Saure Spätzle	91
Schinkennudeln	130
Schleifen	14
Schlutzkrapfen in Schnittlauchsauce, Meraner	155
Schmetterlingsnudeln	14
Schneiden und formen, Nudelteig	25
Schwäbische Maultaschen mit Zwiebeln und brauner Butter	154
Schwäbische Spätzle	31
Schweizer Nudelgratin	156
Sizilianischer Spaghettiauflauf	162
Sojanudeln	9
Spätzle	31
Spätzle mit Morchelsahne, Grüne	90
Spätzle, Saure	91
Spätzle-Krautauflauf	157
Spaghetti	16
Spaghetti aglio, olio, peperoncino	70
Spaghetti ai frutti di mare	99
Spaghetti alla veneziana	107
Spaghetti con broccoli alla siciliana	94
Spaghetti in der Folie	99
Spaghetti mit Muscheln	101
Spaghetti mit Pilzragout	122
Spaghetti mit Putenleber, Gratinierte	167
Spaghetti Toscani	105
Spaghettiauflauf, Sizilianischer	162
Spaghetti-Krabbenauflauf	160
Spaghettini	16
Spaghettini alle vongole	100
Spiralen	14
Spiralnudel-Brokkoliauflauf	161
Stellette	14
Sternchen	14
»Stroh und Heu«	78
Süße Knoten	185
Süße Nudeln	178
Süßer Nudelpudding	178
Süßer Nudelsalat	185
Süße Quarkravioli	186
Sugo di pomodori – Tomatensauce	34

T

Tagliarellini	10
Tagliatelle	10
Tagliatelle mit Avocadocreme und Garnelen	102
Tagliatelle mit geschmortem Kalbfleisch	118
Tagliatelle mit Nüssen	73
Tagliatelle mit Pilzen und Walnüssen	70
Tagliolini	10
Tagliolini mit Erbsen, Pilzen und Schinken	128
Tagliolini mit Pinienkernen	77
Teigtäschchen mit Pflaumenmus	183
Teigtaschen, Indische	172
Teigwaren, Kurze	14
Teigwaren zum Füllen	18
Tomatensauce für Eilige	34
Tomatensauce, Rohe	40
Tomatensauce – Sugo di pomodori	34
Topfenflecken	132
Tortelli di erbette e ricotta alla parmigiana	142
Tortelli di zucca alla mantovana	144
Tortellini	18, 28
Tortellini alla bolognese	136
Tortelloni	18
Traditionelle italienische Nudelsaucen	34
Trenette	10
Trenette mit Oliven-Sardellensauce	94
Tripoline	10
Tripoline mit Entenbrust	129
Tripoline mit Steinpilzen	72

REGISTER

U
Überbackene Vermicelli	169

V
Vermicelli	16
Vermicelli, fürstliche Art	162
Vermicelli, Überbackene	169
Vietnamesische Frühlingsrollen	175
Vietnamesische Glasnudelsuppe mit Huhn	62
Vollkornkäsespätzle mit Zwiebelringen und brauner Butter	88
Vollkornnudelgratin mit Tomaten und Champignons	169
Vollkornnudeln, Grundrezept	22
Vollkornnudeln mit Kräuterbutter und Käse	88
Vollkornspaghetti	16
Vollkornspaghetti mit Pilzen	88
Vollkornspaghetti mit Zucchini und Möhren	77
Vollnudeln, Lange	16

W
Wan-Tan, gefüllt	18
Wan-Tans, Fritierte	172
Wan-Tan-Suppe	64
Wan-Tan-Teigblätter	18
Warenkunde	8
Weichweizen	8

Z
Zürcher Nudeltopf	132

E-Backofen	Gas-Backofen
Grad C	Thermostateinstellung
140–160	1
160–180	2
180–200	3
200–220	4
220–240	5
240–260	6
260–280	7
280	8